# 跨越世纪
# 清华梦

## 王大中校长十年启示录

吴敏生 吴剑平 孙海涛 编著

清华大学出版社
北京

# 序 | 世界一流大学探索者
# 水木清华十年掌舵人

捧读完《跨越世纪清华梦——王大中校长十年启示录》以后，仿佛一座中国最高学府、世界一流大学矗立在眼前。清华大学，这所中国学子梦寐以求的学校，建立在一百多年前风雨如磐的中国大地，一个多世纪以来学校历尽坎坷，但清华人始终秉持科学救国的理想，与民族共命运，与时代同步伐，孕育了大批创新人才，形成了独特的清华传统。她的发展是与历届校长先进的办学理念、科学的管理方法、自身的学术造诣和人格魅力分不开的。王大中院士长校的十年正是清华大学跨世纪发展的十年，是奔向世界一流大学的头十年。他对清华大学发展的贡献是清华人有口皆碑的。《跨越世纪清华梦——王大中校长十年启示录》集中反映了他的教育思想、办学思路、改革创新的精神、精细管理的经验，不仅记录了清华大学探索创办世界一流大学的历史轨迹，而且为我国大学的发展提供了先进的理论和经验。

在《跨越世纪清华梦——王大中校长十年启示录》一书中，王大中校长的教育思想赫然纸上。我粗浅的体会，有以下几点：

王大中校长始终把立德树人、培养人才放在大学核心的位置。大学的本质是什么？我曾经于2010年在清华大学举办的大学文化论坛上说："大学的本质就是求真育人。"求真是开展科学研究，创造新的知识；育人是培养品德高尚、学术精湛的人才。大学不同于研究机构，育人是第一位的，开展科学研究，除了创新知识、服务社会外，也是为了用科学研究的成果来培养高质量的人才。王大中院士在担任清华大学校长以后，在全校师生中开展了"面向21世纪教育思想大讨论"，提出清华的教育改革，核心问题是要回答清华在21世纪培养什么样的人，如何培养的问题。他在"转变教育思想，更新教育观念，推进教育改革"报告中提出，清华大学人才培养目标为：面向21世纪的"高素质、高层次、多样化、创造性"的骨干人才。在培养人才上,王大中校长特别重视创造性的培养和个性的发展,并科学地、辩证地论述了学生全面发展与个性发展的关系。认为二者是不矛盾的,是辩证统一的,"学生的个性发展是全面发展的核心,全面发展是其个性发展的基础",而且学生的个性发展是培养创造性的重要因素。

王大中长校的十年正是清华大学奔向世界一流大学的头十年,他敏锐地提出建设"综合性、研究型、开放式"大学的总体思路,并不遗余力地付诸实践。王大中校长在追索世界一流大学时总是把学科建设放在大学发展的重点。他说:"建设一流大学,学科建设是核心。"清华大学在解放前是一所学科齐全的综合性大学,文理各科都有一流的学科和大师级领军人物。新中国成立后,1952年全国高等学校院系调整,把清华大学的许多文理科都调整到其他学校,清华大学变成一所工科大学。在经历了"文革"后学校主要是恢复元气,到90年代是清华大学学科重建,建设世界一流大学的关键时期。王大中校长从1994年初任职以后,首先在学科建设上作了顶层设计,确立了发展工科优势、加快理科和管理学科发展、加强人文社会学科发展方针,并与中央工艺美术学院合并、与协和医科大学等合作,使清华大学重新成为一所综合性大学,并将新兴学科和交叉学科的建设和发展作为学校的特色,使学校向世界一流大学的目标迈出了重要的一步。

清华大学的老校长梅贻琦先生曾经说过:"所谓大学者,非谓有大楼之谓也,有大师之谓也。"这已经成为大学办学的箴言。王大中校长秉持清华的传统,十分重视教师队伍的建设。他认为,建设一支高水平的师资队伍是建设一流大学最关键的问题。"九五"期间恰好是大学新老教师交替的关键时期,因此,要把教师队伍建设放在学校建设最重要的位置。要把好进人关和晋升关,要引入竞争机制。要加快青年骨干教师的培养,重视培养年轻的学术带头人,并对他们提出三条标准:一要是某一行的专家,有较深的学术造诣;二要能够站在本学科领域的前沿,把握好学科的发展方向;三要能团结人,能带队伍。当年他领导清华制定了骨干人才队伍建设的"十百千工程",使一批科技帅才和业务尖子脱颖而出。

王大中校长十分重视学校的文化建设,多次在清华举办大学文化的研讨会和论坛。我就曾参加过这类论坛。他推动恢复了清华大学"自强不息,厚德载物"的校训,大力倡导"严谨为学,诚信为人",强调"树立和培养优良的学风、校风",提出"如果我们不能在精神文明建设上保持第一等的工作水平,则一流大学的建设就将沦为一句空话"。

王大中校长毕业于清华大学,长期任教于母校,为母校的重点学科——核能科学与核技术发展作出了重大贡献。他担任清华校长以后,更是怀着对母校的深切情怀,全身心地投入到建设世界一流大学的改革与实践中,秉持清华"古今贯通,中西融合"的传统,开创了许多新的办学思路并采取了有力举措。他的教育思想和教育实践非常丰富,我的体会只是举例于万一。读者一定会在《跨越世纪清华梦——王大中校长十年启示录》中获得如何办好大学的更多的启发。

中国教育学会名誉会长
2014 年中秋于北京求是书屋

# 前言

西山苍苍，东海茫茫，
吾校庄严，巍然中央，
东西文化，荟萃一堂，
大同爰跻，祖国以光。
莘莘学子来远方，
莘莘学子来远方，
春风化雨乐未央，
行健不息须自强。
……

汪鸾翔先生于 1923 年所作的清华校歌歌词，挥洒虎踞龙盘的山海磅礴气势，抒发爱国爱校的清华学子情怀，深得人心，遂取代此前由外籍教师创作的英文校歌而流传弥久。

清华校歌的这一变迁，似乎隐含着一种风起云涌的预兆，更象征着这所带有国耻"胎记"的学校从一开始就负有雪耻图强的使命。随后的史实证明，清华的世纪历程始终和中华民族历经苦难而崛起并走向复兴的命运息息相关。

这首校歌面世 70 年之后，从西山北麓长城脚下的清华大学核能技术设计研究院走出了清华历史上的第 14 位校长，我国著名的核能专家王大中教授。

王大中 1935 年出生于河北昌黎，1953 年从天津南开中学考入清华大学。1955 年从机械系转入工程物理系，1958 年毕业后留校，在核能技术研究所（清华校内习惯以"200号"相称）从事科研。1993年夏秋之际，作为清华校长人选被调回学校本部参与领导工作，次年正式上任。

纵观世界高等教育史，任何一所久负盛名的大学，其发展过程都犹如一场超长距离的接力赛。校长作为学校领导集体的核心，对于跑好接力赛的每一棒发挥着独特的作用。王大中上任之后，先后与方惠坚、贺美英和陈希三位党委书记联袂，引领清华完成了世纪跨越。从1994到2003年，"他长校的十年成为清华历史上发展最快最好的时期之一"[①]，这一评价已经成为海内外广大清华人的共识。

从清华园到"200号"，再从"200号"到清华园，一路风尘，留下王大中从优秀学生到核能专家、再从核能专家到清华校长的三重经历。岁月流金，青山未老。如今，年已八旬的王大中进入清华已逾60个春秋，仍然在为我国核能事业的发展奔波，仍然满怀深情地牵挂着清华园的一草一木，为学校事业发展的点滴进步而感到由衷的高兴。

"路漫漫其修远兮，吾将上下而求索"。在肩负国家使命的清华舞台上，王大中和他的同事们体现的爱国奉献、追求卓越的清华精神和家国情怀，透射出强烈的时代气息，又呼应着华夏文明千古不绝的回声。因此，本书所试图记录的，不仅是王大中在任期间清华大学战略谋划与改革发展的主要脉络，更是以他为代表的学校党政领导班子和全体清华人在世纪之交的理想追求、责任担当和坚强意志。

人们总是从历史中找寻未来。王大中任校长的十年，虽然早已成为清华的历史，但是这段历史多少可以带给今天以及明天的清华人，乃至中国高等教育界的同仁们一些有益的启示。

---

① 胡显章.自强不息 厚德载物——清华精神巡礼[M].北京:清华大学出版社,2010,374-375.

# 目录

## 第一章　逐梦清华求索路　　001

一、蒋南翔教育思想的熏陶　　002

二、初出茅庐的磨炼　　006

三、迈向世界前沿的开端　　010

四、核能科技的领军人　　015

五、新的使命，新的挑战　　021

## 第二章　谋篇布局绘蓝图　　025

一、前任们的愿景筹谋　　026

二、建设"综合性、研究型、开放式"大学　　028

三、抓住重大机遇，推动跨越式发展　　032

四、在实践中探索一流大学之路　　035

五、"三个九年，分三步走"　　041

## 第三章　学科建设大手笔　　045

一、以内涵发展为主的学科布局　　046

二、工科"学科群"的理念和实践　　049

三、加速理科发展　　053

四、文科的谋局、布局与成局　　059

五、科学与艺术的珠联璧合　　072

## 第四章　百年树人新篇章　　079

一、改革人才培养模式的一场硬仗　　080

二、面向21世纪的教育思想大讨论　　089

三、构建研究型大学的人才培养体系　　094

四、大力提高博士研究生创新能力　　097

五、开拓研究生专业学位教育　　101

六、激发继续教育活力，发展现代远程教育　　104

## 第五章　队伍建设是强校之本　　111

一、唯一的出路是改革　　112

二、改善教师待遇的关键步骤　　119

三、多管齐下，激励青年教师脱颖而出　　123

四、实施"百人计划"，壮大院士队伍　　127

五、"清华版"的讲席教授制度　　130

六、心里始终装着师生员工的利益　　134

## 第六章　顶天立地促转化　　141

一、推进内部管理体制改革　　142

二、面向国家战略需求抓好重大项目　　144

三、培育基础研究的后发优势　　151

四、探索新型产学研合作模式　　155

五、国家智库功能的快速提升　　160

## 第七章　开放办学新格局　　　　　　　　　　*163*

一、学校科技产业的发展和变革　　　　　　　　*164*

二、清华科技园的成功之路　　　　　　　　　　*169*

三、促进区域合作，服务地方建设　　　　　　　*174*

四、创建教育基金会，拓展捐资兴学渠道　　　　*181*

五、在世界一流大学"俱乐部"中崭露头角　　　*187*

## 第八章　最美丽校园的耕耘者　　　　　　　　　　*195*

一、新一轮校园规划、拓展和建设　　　　　　　*196*

二、后勤社会化改革的清华模式　　　　　　　　*203*

三、从"泰山工程"到数字校园　　　　　　　　*209*

四、创建中国"绿色大学"的先行者　　　　　　*215*

## 第九章　清华精神的传承弘扬　　221

一、文化源流的历史接续　　222
二、清华精神大讨论　　228
三、九秩华诞彰显清华魂　　231
四、严谨为学，诚信为人　　241

## 第十章　办学治校的高超艺术　　247

一、战略企划的谋势之道　　248
二、实事求是的思想作风　　251
三、堪当重任的领导气质　　253
四、教授治学的理念与实践　　255
五、善于定位的"首席"风格　　258
六、谦谦君子的人格魅力　　262

## 后记　　269

# 第一章

The First Chapter

逐梦清华求索路

# 逐梦清华求索路

> "如果说我们这一代清华人能够有所作为的话,是因为我们站在前人的肩上,是因为我们身处伟大的时代。"

"橘生淮南则为橘,生于淮北则为枳。"不同的大学往往有着不同的办学传统和校风学风,潜移默化地影响着一代代师生,使他们具有鲜明的群体性特质。只有深刻理解和真正融入这种独特的大学文化,大学的领导者才能被师生所接受和认同,也才有可能在办学治校上有所建树。

梅贻琦、蒋南翔这两位清华历史上贡献卓著的校长,分别是清华的留美预备生和30年代的学生。高景德、张孝文这两位80年代上任的校长,一位是年轻时就到清华任教,一位是清华毕业并留校。与这些前任校长相仿,王大中也是在清华的教育培养下成长起来的科学家和教育家,他对自己的学校满怀真挚热爱,对清华文化和办学传统有着透彻理解。从他的成长经历,我们可以了解为什么历史选择了王大中。

## 一、蒋南翔教育思想的熏陶

青年时代的王大中在求学过程中有过三次选择,一是上南开中学,二是考清华,三是选择反应堆工程专业。这三次选择对他的人生轨迹产生了重要影响。

### 从南开到清华

天津南开中学是王大中从小向往的学校。1947年夏他从天津培植小学毕业,家里托人去南开中学为他报名,因为天下大雨耽误了报名时间,于是他进了木斋中学。

1949年3月天津解放，南开中学招收插班生，王大中得知这一消息后马上赶去报名，通过考试、录取，从初二下半学期转入南开中学，圆了心愿。求学路上的第一次选择在王大中的心灵中留下一道深深的印记，凡是自己决心要做的事，一定要用心尽力，身体力行。在他以后的成长中，这种韧劲成为他的鲜明个性特点之一。

南开中学由我国著名爱国教育家严范孙、张伯苓创办。"允公允能，日新月异"的校训，严谨求真的学风，教师的言传身教，对少年王大中的志向选择和人格培育产生了重要影响。天资聪慧加上后天勤奋，中学

1950年，王大中（前排右一）与南开中学垒球队队友合影。

时代他就是优等生。物理老师的启蒙教育和范孙楼的物理实验，激发了他对物理的浓厚兴趣，为日后与工程物理和核工程结下不解之缘留下伏笔。南开中学非常重视体育和文艺，课余生活丰富多彩，他喜爱踢足球、打垒球，为日后大学时代的全面发展打下基础。

1953年，我国开始实施第一个五年计划。这一年，王大中也面临人生的第二次重要选择。对祖国工业化建设的强烈憧憬，使他把报考志向瞄向清华大学。通过高考，如愿以偿，这年10月，他进入清华大学机械系学习。

### 与核工程结缘

当时，刚刚经历"院系调整"的清华只保留下7个工科系，学制由4年改为5年。蒋南翔同志于1952年出任清华校长，开始谋划清华大学新时期的发展蓝图。作为南翔校长执掌清华后的第一届五年制学生，王大中在大学期间又经历了求学路上的第三次选择。

1953年，刚刚进入大学时的王大中。

1954—1955年，党中央作出建立和发展我国原子能事业的战略决策，国家急需培养原子能专业人才。1955年9月初，蒋南翔校长率领由北大、清华领导和专家组成的代表团访问苏联，考察有关核专业及其他尖端专业的办学经验。回国后，代表团向中央领导建议在清华和北大集中设立一批原子能及其他新兴的尖端专业，很快得到批准。1956年10月，清华大学工程物理系（简称"工物系"）正式成立。国家有计划地从清华等一些重点高校和科研机构选调一批高水平的教师和科学家参加建系工作，同时，从清华校内选拔一批优秀学生转到工物系。王大中在机械系第二学年的各门功课全是

5分，品学兼优的他被首选入围。1955年秋，王大中从机械系转入物八班，成为工物系的第一批学生。

物八班46位同学都是来自各系的学习尖子，多数担任过班长、团支部书记等学生干部。为了培养理工结合的拔尖人才，学校聘请了彭桓武、王明贞、梅镇岳、虞富春、王竹溪、徐亦庄、杨承宗、朱光亚等著名学者专家讲学，开设了包括核物理、量子力学、统计物理、电动力学等十几门基础理论课。大师们的治学风范和广博知识，使王大中对"大师之谓"有了切身感受。

到了高年级分专业时，王大中选择了反应堆工程专业。当时，是一次偶然机会王大中看了一部介绍苏联建成的世界上第一个试验核电站——奥布灵斯克核电站的科教片。尽管那座核电站功率只有5000千瓦，但原子核裂变释放出的巨大能量使他的心灵受到强烈的震撼，在那厚厚的混凝土墙和自动开启的大铸铁门后面的原子反应堆如何把微观的核裂变与宏大的核工程结合起来，使他充满了好奇。他的直觉告诉他，自己长于形象思维，适合于搞工程，于是毫不犹豫地选择了反应堆工程专业。自此，他的求索之路和我国的核能事业紧紧交织在一起，奉献至今。

### 又红又专，全面发展

从1952年蒋南翔出任清华校长到"文革"爆发的10多年间，正是蒋南翔教育思想系统形成并成功实践的重要时期，王大中就在这一时期接受了全面而又严格的大学教育和锻炼。

在王大中入学的1953年，南翔校长在清华首创政治辅导员制度，形成清华独特的"双肩挑"模式。王大中深受南翔校长教育思想的启迪，对清华的思想政治工作引导学生走又红又专、全面发展的道路有过切身体会。

王大中在人才荟萃的清华求学过程中始终保持品学兼优，在低年级就担任学生班级、团支部主要干部，在转入工物系的第二年就被批准入

大学时代，王大中（后排左一）和清华舞蹈队队友合影。

党；在繁重的学业之余，他坚持中学时代形成的文体特长，是学校体育代表队和文艺社团的活跃成员。毕业之后，他作为青年教师立即投身我国核能事业起步阶段的核反应堆工程实践，在"真刀真枪"的实战中成长。

## 二、初出茅庐的磨炼

1958年，王大中从工物系毕业，留校工作。

这一年，是我国核能事业起步阶段的重要年份。清华大学向上级提出建议，自行设计和建造一座功率为2000千瓦的屏蔽试验反应堆，并以此为依托，建设我国核能事业急需的教学、科研、生产三结合基地。这一方案得到国家批准，基地选址京郊昌平的虎峪山区，工程代号为"200"，核研所因此被清华人称为"200号"。王大中一留校，就参加到"200号"的建设之中。

### "干中学"和"学中干"

这是新中国第一座自行设计与建造的核反应堆。领导设计与建堆的总负责人是时任工物系副系主任兼反应堆教研组主任的吕应中教授。他是一位颇具战略眼光的专家型领导。在他的带领下，一支由上百名年轻教师和学生组成的平均年龄仅为23岁半的队伍，开始了为时6年的艰苦建堆历程。

当时，摆在这支建堆新军面前的，只有一套不完整的苏联同类反应堆的参考图纸。大多数人根本没有见过反应堆，甚至连图也看不大懂。吕应中交给王大中一项任务，带领一批同学从做工程模型开始，了解反应堆结构和系统。他们从"马粪纸"模型做起，再做"三合板"模型，最后做成2米×2米的玻璃模型，反应堆堆芯、各种工艺系统管道及建筑结构在模型中清晰可见。通过制作模型，大家不仅熟悉了图纸，而且对反应堆工程系统有了进一步了解。这套反应堆模型曾在1965年高校科研成果展览会上展出，朱德、邓小平等中央领导曾亲临现场参观。

反应堆物理理论计算是反应堆设计中遇到的又一个难题。物理计算涉及反应堆需要装载多少铀棒，安装多少控制棒，计算精度要求很高。屏蔽反应堆的三维尺度不同，更增加了计算难度，国外一般都是依靠电子计算机。当时清华没有这种条件，罗经宇等青年教师组织一批高年级

20世纪60年代初，"200号"基地年轻的建设者（左列自上而下第三为王大中）。

学生，集中了几十台手摇计算机进行数值计算，攻克了反应堆物理设计这一难题。

为了组建反应堆热工水力学科，吕应中让王大中筹建反应堆热工水力学实验室，并安排他在职攻读研究生，师从王补宣教授进修传热学和流体力学等有关课程。王大中在实战中学习，带领物0班部分学生，设计并建成了当时国内首座100大气压高压水热工实验台架，开展了燃料组件临界热负荷的相关实验研究。

反应堆的基建工程更是困难重重。当年的虎峪村只是个约有200户农民的偏僻贫穷的小山村，反应堆工地位于村南的一片坡地上，砾石满地，荆棘丛生。从清华园出来的年轻学子们不但要"劳心"，还要"劳力"，他们和建筑工人、转业军人一起，肩扛手提，用铁镐、铁锹和小推车挖掉反应堆基础下坚硬的卵石层，保证了主厂房施工建设。

随着基建和设备安装工程的进展，反应堆系统调试及零功率堆物理实验开始启动。王大中又被调去参加零功率堆实验。零功率反应堆是研究原子反应堆物理临界的重要装置。实验时，通常都是运行人员用手将铀棒一根一根加入堆芯，使反应堆裂变链式反应状态达到"临界"状态。由于操作者必须站在反应堆旁边操作，一旦失误就可能危及人身安全。为了保证零功率堆安全运行，在实验室主任胡大璞的带领下，王大中和师生们一起，研制成功零功率堆远距离自动加水系统。

经过6年奋斗，清华大学屏蔽试验反应堆于1964年9月27日成功启动，顺利达到临界运行。反应堆建成之后，吕应中写了题为"六年奋斗，四个方面丰收"的总结报告，并由学校党委上报中央，获得高度评价。

在建堆初期，蒋南翔校长就提出"要建堆又要建人"的指导思想，通过6年奋斗，在实战中锻炼出一支能打硬仗的队伍。时任清华大学党委副书记兼任工程物理学系主任的何东昌以"敢想、敢干、敢转行"来概括这支年轻队伍的特点。

初出茅庐的王大中，在职业生涯的第一站就饱尝种种艰辛，在实战

1964年，吕应中（左三）、王大中（左一）在屏蔽试验反应堆临界现场。

中经受了从业务能力、组织能力到心理素质的全面锻炼。

## 非常年代的非常经历

正当"200号"的创业者们满怀信心期待着向新的目标挺进时，席卷全国的"文化大革命"开始了。1966年6月上旬，蒋南翔校长被批判，包括吕应中在内的校、系各级主要领导都被打入"黑帮"之列，连王大中这样的年轻骨干教师也未能幸免，被下放劳动改造。

清华核能所的领头人吕应中教授在"文革"初期就饱受磨难，遭到清华造反派非法拘禁。1968年7月底，军工宣传队进校后，吕应中被转送到北京卫戍区。期间他写了一份关于发展钍增殖堆的报告，辗转上报中央，引起中央领导的重视，并批示支持在清华"200号"建设钍增殖堆，代号"820工程"。

"820工程"的目标是建设一座钍增殖堆核电站，热功率10万千瓦，电功率2.5万千瓦。为了筹建"820工程"，王大中和部分教师于1970年从江西鲤鱼洲农场奉调回京。

"820工程"上马时，首选铀—铋堆方案，采用高温熔融的铀—铋合金作为堆芯燃料，增殖层采用含钍的氯化物熔盐。鉴于热中子钍增殖堆还是一种全新的概念，世界上尚无建堆先例，从核心技术到工艺流程都存在一系列难题，没有较长时间的攻关是很难突破的。

在那个非常年代，清华在军工宣队的领导下，"820工程"被视为一项政治任务，要求限期完成。面对铀—铋堆方案遇到的种种难以逾越的技术困难，1972年改用熔盐堆方案取代。然后由于熔盐堆关键技术仍然难以攻克，1974年又将钍增殖堆方案改为双球气冷堆方案。使用德国球床堆概念，堆芯使用球状燃料元件，用氦气作冷却剂，堆芯外设钍增殖层区。由于加设增殖层，使得堆芯结构十分复杂，在工程设计上很难实现。

1970—1976年，工程总体方案经过三次大变动。最终由于钍增殖堆的关键技术未能攻克，经国家计委、国家建委决定，"820工程"于1979年停建下马。

### 难以忘怀的教训

多年之后，王大中提起"820工程"时的心情都是沉重的。钍增殖堆工程技术难度极大，在当时忽视科学规律的年代，无法对关键核心技术组织起有效的协同攻关，加上"政治任务"限定工期，搞"边研究，边设计，边施工"，致使"820工程"造成了令人痛心的巨大损失。

"820工程"下马，像是笼罩在"200号"上空的一团乌云，使这些创业者们承受着前所未有的压力。当时作为技术骨干之一的王大中，虽然经历了"820工程"一次次技术攻关的挫折和失败，但在痛苦中反倒磨砺出几分深沉和冷静，当年的教训使他终身难忘。他在以后组织重大项目攻关时多次强调，攀登科技高峰，既要解放思想，敢想、敢干，更要实事求是，按科学规律办事。

## 三、迈向世界前沿的开端

1978年12月召开的党的十一届三中全会，开启了中国改革开放的新时代。

1979年8月，吕应中邀请德国著名核能专家、于利希核中心反应堆研

1979年,方毅副总理(前排左四)会见德国于利希核中心反应堆研究所所长苏尔登教授(前排左三),清华大学副校长张维(前排右二)、核能所所长吕应中(前排右一)、王大中(后排左二)参加会见。

究所所长苏尔登(Rudolf Schulten)教授来清华核研所讲学,系统介绍了德国高温堆建造与运行的经验。苏尔登教授是球床高温气冷堆的创始人,设计建成世界上第一座球床高温气冷堆——AVR,被誉为"球床堆之父"。为促进与清华的合作,苏尔登教授表示愿意接受中国专家到于利希核研究中心进修。

### "球床堆之父"的惊喜

1980年下半年,经过学校选拔与推荐,王大中获得了德国洪堡奖学金,被派往联邦德国进修。他先在弗赖堡的歌德学院学了4个月德语,1981年1月进入于利希核研究中心反应堆研究所进修,师从苏尔登教授。苏尔登提出了4个研究课题让他选择,王大中经过一段时间调研,选择了"模块式高温气冷堆的设计研究"。

1980年,王大中(前排左三)在歌德学院学习德语期间和朋友们在一起。

  王大中选择模块式高温堆研究方向并非心血来潮。1979年3月,美国三哩岛压水堆核电站发生堆芯熔化事故,使世界核电事业陷入低谷。王大中意识到,安全性是核能发展的生命线,未来核电技术发展必须抓住这一主要矛盾。当时,模块式高温堆是德国科学家刚刚提出来的新概念。其核心思想是,为了从根本上排除发生堆芯熔毁的可能(使反应堆具有"固有安全性"),采取降低每个模块堆的单堆功率(如20万千瓦),然后,通过多个模块组合成一个功率规模较大的核电站,既可提高反应堆的整体安全性,又可改善核电站的经济性。

  摆在王大中面前的研究课题是,如何在保持模块式高温堆的固有安全特性前提下,进一步提高单一模块堆功率,改善其经济性。为此,首先要对模块式高温堆进行大量的计算分析。当时于利希中心装备有德国最先进的大型计算机,王大中经过100多个堆芯方案计算与分析,提出一种"双区球床堆"方案,在堆芯中央构建一个石墨球区,以降低堆芯热点温度,从而在保持模块式高温堆优异安全性前提下,使单堆设计功率得以提高。

当他把这一方案和验算结果提交给苏尔登教授时,这位"球床堆之父"惊喜地说:"过去认为单堆功率提高 10% 就很不容易了,现在你的设计方案可以大幅度提高,这是很了不起的,这种环形堆概念应该申请专利。"王大中经吕应中所长首肯后,提出专利申请。经过苏尔登教授推荐,《一种在严重事故下具有固有安全自稳定性的球床反应堆》的专利申请获得联邦德国专利局的批准,随后分别在美、英、法、日、意等国的专利局进行了登记。

### 取得亚琛工业大学博士学位

为了把这种新型堆芯概念用于堆工方案设计中,王大中开始了环形堆的初步方案设计研究。这种新型反应堆设计涉及多学科相关技术,包括中子物理计算、热工水力学设计、堆芯及堆体结构方案设计等,通常需要多学科专家协同工作。他身处异国,单枪匹马,凭借在国内经历的设计与建堆实践经验,经过 5 个多月的昼夜奋斗,终于完成了环形堆的初步概念设计。

苏尔登等专家审查了设计文件,感到十分满意。他向王大中建议,把这项研究成果作为亚琛工业大学(TH Aachen)的博士论文进行答辩。

1980 年,在德国留学时的王大中。

经请示吕应中所长同意后，王大中按照当时亚琛工业大学的博士学位论文规范，用德文写出一本 90 余页的论文，并以"全优"成绩通过论文答辩，于 1982 年 9 月获得亚琛工业大学自然科学博士学位。从 1981 年 1 月进入于利希中心，到获得亚琛博士学位，历时一年九个月。

### "核电的希望在中国"

距王大中 80 年代首次赴德 16 年之后的 1996 年秋，已经出任清华校长的王大中院士率团访问德国。在亚琛火车站，年逾古稀的苏尔登教授亲自驾车迎接这位当年的高足和朋友。此时的德国核电事业已经走入低谷，令这位"球床堆之父"万般无奈。他热爱中国，了解清华，情系"200号"，把于利希核研究中心的有关试验装置赠送给清华核研院。据德国友人回忆，老人在临终之前多次说过，未来核电的希望在中国。

90 年代后期，有一位德国工程师格茨曼（Gözmann）来到清华核研院。他 60 年代毕业于亚琛工业大学，长期在西门子公司核电事业部任职，曾与"200 号"在核供热堆方面开展过合作研究。他退休之后，目睹德国核电产业的风雨飘摇。也许出于和苏尔登的同感，格茨曼只身来到清华，他希望在王大中教授指导下攻读清华

1999 年 3 月 29 日，王大中向他指导的德籍博士生格茨曼（右）授予清华大学博士学位。

大学的博士学位。几年后的一天，包括王大中在内的中国核能领域的五位专家组成高规格的答辩委员会，通过了格茨曼的博士论文答辩，圆了这位异国友人的清华博士梦。

从长城脚下的虎峪村，到亚琛古城旁的于利希，关山飞度，留下中国核能事业历史变迁的多少故事。王大中和继往开来的新秀们永远不会忘记，迈向核电世界前沿的征程是从这里开始的。

## 四、核能科技的领军人

1982 年 10 月王大中回国，不久被任命为清华大学核能研究所副所长，协助吕应中所长主抓核供热堆的研发工作。我国用于工业和居民供热的能源占总能耗的一半以上，发展核能供热技术对于缓解化石能源供应紧张、改善大气环境污染均有积极作用。

王大中领导一个小组，利用屏蔽试验反应堆开展余热供暖实验。经过供热系统改建之后，低温核供热实验系统于 1983 年 11 月 14 日投入运行，为厂区三栋建筑物（共 1.6 万平方米）供热 49 天，验证了核能供热的安全性，也为进一步开发核供热堆提供了重要依据。1984 年 2 月，由教育部主持对该项实验成果进行技术鉴定。时任国务院副总理的李鹏同志专程到现场视察，对发展核能供热给予充分的肯定。此后，国家科委决定将供热堆研究列入重点攻关计划。

当时，对选择核供热堆的总体方案存在两种意见：一种是壳式供热堆方案，另一种是池式供热堆方案。为了正确把握核供热堆发展方向，核能所对总体方案花费了近一年时间进行论证，王大中带队专程去欧洲考察，着重调研了德国西门子的一体化壳式供热堆和瑞典的池式供热堆。经过领导和专家反复研究，最后确定选择一体化壳式供热堆方案，先建设一座 5 兆瓦核供热堆，以掌握其核心技术。

### 建成一体化核供热堆

1985年,王大中出任核能所所长兼总工程师。同年,建造5兆瓦一体化核供热堆被列为国家"七五"重点攻关项目,王大中担任攻关项目负责人。

一体化核供热堆具有良好的非能动安全性,也是一项高度复杂的系统工程,包括26个工艺流程,上百个大中型设备,王大中集中优势力量,重点突破关键核心技术,其中包括:将堆芯与主换热器全部置入压力壳内以实现反应堆"一体化";反应堆采用全功率自然循环冷却,省去了主循环泵;反应堆停堆衰变热实现非能动冷却;研制成功新型控制棒水力驱动系统等。其中的控制棒水力驱动系统于1990年获国家技术发明二等奖和中国专利金奖。

5兆瓦核供热堆于1986年3月动工兴建,1989年11月首次临界成功,并投入功率运行。1989—1992年,连续三个冬季供热运行累计8174小

1989年11月,核能所所长王大中(左一)宣布5兆瓦核供热反应堆启动运行成功。

时，供热可利用率达99%。这是世界上首座一体化壳式核供热堆，也是世界上首次采用新型水力驱动控制棒的反应堆。它的建成和成功运行受到国际核能界的高度重视和好评，国际著名专家、联邦德国总理科尔的核能总顾问弗莱厄在贺电中称它是世界核供热堆发展史上的一个重要里程碑。国际原子能机构（IAEA）评价认为："该堆充分利用了非能动安全设计，具有非常高的安全裕度，达到了很高的可靠性和可利用率。"这项成果获得1992年国家科技进步一等奖，并作为当年我国5项重大科技创新成果之一，出现在李鹏总理第八届全国人大的政府工作报告中。

### "跳起摸高"的取度哲理

5兆瓦核供热堆的建成是清华核能事业发展史上的又一个重要里程碑。作为核研院的第二代领军人物，王大中结合核供热堆攻关在全所大会上作了总结发言，并特别强调了两条主要经验。

一是要善于把握技术发展方向，选好技术方案和项目目标。他以摘果子比喻，如果把目标锁定在伸手可及的地方，有果子也早让人摘走了；如果眼光太高，跳多少次也够不着，只能无功而返；而"跳起来摘得着"才是适度的高标准。搞科研，总要设法使自己跳得高一些，达到一个高度后，再瞄准新的高度。这就是目标定位的"取度"，取度合适，才能体现勇于创新和务实求真的结合。

二是要坚持和发扬众志成城的团队精神。核反应堆工程涵盖物理、热工、化工、材料、机械、自控、电气等多个学科，要经过研究、设计、实验验证、加工制造、安装调试等各个环节。如此复杂的高科技工程项目需要科学组织、团队配合，才能实现系统集成创新。低温堆之所以能在5年内建成，靠的是一个团结的领导核心，一批业务精湛的学术带头人，一支能打硬仗的队伍。他满怀深情地提到并肩战斗的同事、战友：副所长林家桂，时年50多岁的女同志，在建堆的紧要关头把行李搬到施工现场，协调解决施工安装中的各种问题；副总工程师董铎，在开工

80年代，王大中和全国三八红旗手、清华大学核能所副所长林家桂研究员（左）在一起讨论。

建设时查出癌症，先后动了两次手术，每次都是术后不久就投入紧张工作；负责研制新型水力驱动控制棒的吴元强研究员，在奋战低温堆的近5年中几乎没休过假；金工间十几位工人师傅为了解决压力壳内管道密封面抛光，轮班上阵，连续苦干七天七夜……

王大中的总结在局外人听来声不震耳，语不惊人，但是，只有"200号"的创业者和建设者才会感受到其中蕴含的历史经验、深刻哲理和精神价值。在重大战略高科技的核能领域，清华已经占领了一个相对制高点，王大中和他的同事们登高望远，开始了新的谋划。

### 能源领域首席专家和高温堆

1986年，面对全球新技术革命和高科技竞争态势，王大珩等四位著名科学家向党中央提出加速发展我国高技术的建议，邓小平同志当即作了重要批示："此事宜速作决断，不可拖延。"随后，经过200多位科学家的反复论证，国家确定了《高技术研究发展计划（"863"计划）纲要》，选定生物、信息、能源等7个领域实施；在科技管理体制上，"863计划"首次实行专家管理和专家决策制度。

王大中作为能源领域的专家参加了最初阶段的论证，从1986—1993年，他受聘担任能源技术领域首届专家委员会主任，先后主持了我国中长期能源需求预测；完成了我国先进核能技术发展战略研究；确定了快堆、高温气冷堆和聚变堆等先进堆的研究发展计划。

1986年俄罗斯切尔诺贝利严重核事故震惊世界，核安全问题更加凸显。王大中和他的同事们坚信，具有固有安全性的模块式高温堆将会成为未来核能重要发展方向之一。在国家"863计划"支持下，清华核能所在高温气冷堆先期研究的基础上，开始了10兆瓦模块式高温堆研发。从1987年到1990年底，球形燃料元件、球床流动特性、氦技术及氦设备等8项关键技术取得重要突破。1992年，国务院批准立项，在清华核研院建设一座10兆瓦高温气冷实验堆。

10兆瓦高温堆于1995年正式动工兴建。此前一年，王大中已经就任清华校长，但还兼任核研院总工程师，参与领导高温堆技术攻关。在新任院长吴宗鑫和副院长徐元辉带领下，全院教职员工艰苦拼搏，在全国有关兄弟单位大

2000年12月1日，王大中（中）、吴宗鑫（右）在清华大学10兆瓦高温气冷堆临界现场。

力支持下，高温气冷实验堆于2000年12月1日建成临界，2002年并网发电。

10兆瓦高温堆是世界上首座模块式高温气冷堆，它的建成标志我国掌握了模块式高温堆的关键核心技术，形成了拥有我国自主知识产权的设计技术，并取得了一系列重要创新成果。该项目荣获2006年国家科技进步一等奖。

### 雄关漫道看今朝

10兆瓦高温气冷实验堆的建成再度引起国际核能界的关注,国际原子能机构及美、日、德、法、俄等国的相关研究所均发来贺电表示祝贺。国际原子能机构于2004年9月邀请来自24个国家和地区的60位科学家,现场观看了10兆瓦高温堆的固有安全性验证试验,试验结果在国际核能界得到公认和赞赏。

2006年1月,在国务院发布的《国家中长期科学和技术发展规划纲要(2006—2020年)》中,"大型先进压水堆和高温气冷堆核电站示范工程"被列为国家16项重大专项之一。根据国家重点专项实施要求,高温堆专项的主要目的是瞄准国际第四代核能系统发展方向,以商业应用为目标,建设一座电功率为20万千瓦级的高温气冷堆核电站示范工程,开发具有自主知识产权、自主品牌的先进核能系统,清华大学是承担该重大专项的项目牵头单位。

让王大中感到欣慰的是,他率领过的团队如今新秀辈出,人才济济。他的学生张作义教授出任核研院第四任院长兼总工程师,这位恢复高考之后入学的60后,带领一批中青年学术骨干担当重任,形成生气勃勃的核能新军。通过与中国华能集团、中国核工业建设集团、广东核电集团、中国核工业总公司共同合作,

2014年10月28日,王大中(前左)在山东石岛湾高温气冷堆核电站施工现场听取核研院院长张作义(前右)汇报工程进展。

示范电站的设计与研发工作进展顺利,高温气冷堆示范工程选定山东荣成石岛湾作为厂址,已于2012年12月获准开工建设。作为第四代先进核能系统之一的模块式高温气冷堆,引起美国等发达国家的日益重视。

从上世纪60年代建设屏蔽试验反应堆,到90年代一体化核供热堆,再到新世纪高温气冷堆核电示范工程,记载着清华核研院从小到大、从弱到强的奋斗历程,也留下王大中从初出茅庐的青年教师到核能高科技领军人物的成长轨迹。在孜孜求索、追求卓越的路上,他已经成为我国核能高科技领域的著名专家,在工程科技战略取向、目标定位、方案制定、协调全局等方面形成了独特的领导气质和魄力。

天意自来高难测。正当王大中全力倾注于核能事业的未来时,却没有想到自己在年届58岁这一年,职业生涯还会发生"变轨"。

## 五、新的使命,新的挑战

1993年6月,王大中应美国核学会的邀请,赴美参加核能学术会议并顺访通用原子能公司(GA)和通用电气公司(GE)。一天,他接到家里打来的越洋电话,说最近清华校内传言要调他到学校工作。

王大中颇感意外,觉得不可能,也没把传言放在心上。回国后,学校领导果然就找他谈话,说明因为张孝文校

1993年暑期,王大中调到学校本部工作后首次在干部会上发言。

长调任国家教委副主任，组织上准备让他接任清华校长，这一人事安排还要在学校暑期中层党政干部会上进行民主测评。

尽管事先得知传闻，但领导打招呼还是让王大中感到突然，产生一种莫名的压力感。大学毕业后，他一直在远离学校本部的"200号"工作，没有担任过校级副职，甚至没有在校机关部门工作过，对学校全面情况不明，却要面对全局；他长期奋斗在科研岗位，缺少一线教学经验，却要面对学校人才培养中心任务。从核能专家的专业轨道转到校长的职业轨道，王大中显然感到，自己面临的局面和挑战全然不同。

### 清华前辈校长们的历史掠影

面对工字厅厚重的红漆大门，王大中心头的历史负重感肃然而起。

清华在国家高等教育事业中举足轻重的地位与其厚重的历史紧密相联。清华大学的前身是1911年建立的清华学堂，1912年10月，清华学堂更名为清华学校，首任校长是唐国安先生，接任者是周诒春先生，他们对清华早期的办学思想和治校理念作出了奠基性贡献。

1928年，清华学校更名为国立清华大学，罗家伦先生受命出任校长。1931年10月，曾任清华教务长、时任清华留美监督的梅贻琦先生回国出任校长。在长校的17年里，梅贻琦先生不仅带领清华迅速发展成为中国最好的大学之一，而且在抗战八年间主持西南联大的校务，作出了重要贡献。

解放后，蒋南翔于1952年11月担任校长，后来兼任党委书记，到1966年6月在任近14年。在院系调整后学校发展面临诸多困难的情况下，蒋南翔校长带领全校师生员工努力贯彻党的教育方针，积极探索适合中国国情的社会主义办学道路，清华大学的办学规模和水平有很大发展和提高。他的许多教育思想丰富了我国教育理论宝库。

"文革"结束后，刘达于1977年4月任校党委书记，1978年6月兼任校长，领导了学校的拨乱反正和恢复发展工作。此后，中国科学院学部委员高景德教授于 1983 年 5 月到 1988 年 10 月出任校长，他的接任者则是材料科学领域的专家张孝文教授，这一时期，学校确立了"在提高中发展，着重提高"方针，迈向世界先进水平的目标和愿景。

从唐国安先生算起，在王大中之前，清华经历了 13 位校长。他们中多是我国教育界的优秀代表，特别是梅贻琦、蒋南翔等老一辈教育家，对清华大学乃至中国高等教育事业都产生过深远的影响。

### 迈向新世纪的交接班

为了让王大中尽快熟悉大学教育和全校情况，从教育部到清华党委都做了必要的安排。从 1993 年暑期开始，王大中以半年左右时间，带着机关人员，几乎跑遍全校各院系和主要部处，开展调查研究，了解情况，听取各方面的意见和建议，初步掌握了学校全局工作的基本脉络和主要情况。这期间，他还参加了教育部组织的中国大学校长考察团，访问了美国若干所世界一流大学。这是王大中在专业之外的首次教育专题考察，为他履新之后的战略谋划积累了可贵的心得。

有人说，机遇是必然性和偶然性的交汇点，王大中自己都没有想到会在临近耳顺之年"踩到"这个交汇点上。只有了解王大中的清华同事特别是清华老领导知道，他虽然长期在"200 号"工作，没有校级领导工作经历，但面对新时期学校的学科布局调整和教育改革，他会少些传统思维定势的影响，少受旧框框的束缚，有利于解放思想和改革创新；"200 号"在我国核能高科技和工程领域走过跌宕起伏的道路，敢于在世界前沿占领制高点，王大中作为"200 号"快速发展时期的领军人物，磨炼出来的战略眼光、决策能力、组织和协调能力，以及敢于和善于独当一面的气魄，是他挑起清华校长重任最可宝贵的"资本"。

1994 年 1 月，王大中接过由李鹏总理签署的任命书，正式出任清华大学校长。在学校党政干部会上，他表态说："国务院和国家教委决定让我接替张孝文同志挑起学校行政领导这副担子，对我来讲，这副担子是十分重的，挑起来也是十分困难的。但作为在清华培养、成长的共产党员，对组织给予的任务，只有尽全力去做好。清华有一个党政协调、团结战斗的领导集体，前几届校领导主持学校工作时，打下了坚实的基础，形成了优良的传统，这一切也增强了我的信心。我想本届行政班子的任务是把全校师生员工动员组织起来，为把清华大学建成世界一流的有中国特色的社会主义大学这一宏伟目标，攀登上一个新的台阶。"

自此开始，王大中在清华校长的岗位上，和全校师生员工一起，踏上追逐世纪清华梦的新征程。

# 第二章

## The Second Chapter

谋篇布局绘蓝图

# 谋篇布局绘蓝图

> "一个没有理想的民族,是一个没有希望的民族。同样,一所大学如果没有比较高远的目标和追求,则很难成为一所优秀乃至卓越的学校。"

在参与学校领导工作以后,王大中在和张孝文校长、方惠坚书记以及原书记李传信等同志的交谈中,话题主要围绕清华走向世界的战略目标。王大中明白,他的前任们已经为此筹谋远虑多年。他们信任他,希望他在世纪交替的这一时期,和同事们一起,挑起传承历史、开启未来的重任。

## 一、前任们的愿景筹谋

清华是一所有理想的学校。创建让中华民族引以为豪的大学,为国家富强、民族复兴、人民幸福作出重要贡献,是一代又一代清华人矢志不移的追求。

20世纪70年代末,以邓小平同志为核心的党中央第二代领导集体作出实行改革开放、推进中国现代化建设"三步走"的重大战略决策,极大地鼓舞了清华师生的士气。在学校党委的领导下,清华根据邓小平同志"教育要面向现代化,面向世界,面向未来"的战略思想,开始孕育走向世界的强校之梦。

1980年,清华大学第五次党代会提出,力争90年代使清华大学成为具有世界先进水平的社会主义大学。

1985年,学校第七次党代会再次提出,从现在起的十年,是把清华大学逐步建设成为世界一流的具有中国特色的社会主义大学的重要发展阶段。

清华的这两次党代会,宣示了立志竞逐世界先进水平的先声,为学校确立了面向世界、力争一流的战略目标。此后,学校每次党代会都围绕建设世界一流大学的中心工作,研究部署学校事业改革发展和党的建设。

拨乱反正以后,清华先后经历刘达、林克、李传信和方惠坚四任党委书记,刘达、高景德和张孝文三任校长。在他们的带领下,学校在拨乱反正中快速转入教育改革和发展正轨,接连推出一系列卓有成效的改革和发展举措。

1978—1993年的十多年中,清华以人才培养为中心率先开始学科调整,先后组建经济管理学院、理学院、人文社会科学学院和环境系、材

1996年4月,校长王大中(后排左四)、党委书记贺美英(后排左三)与学校老领导刘冰(前排左三)、陈舜瑶(前排左五)、何东昌(前排右三)、张维(前排左四)、林克(前排右二)、张光斗(前排右四)、张绪潭(前排左二)、解沛基(后排左二)、李传信(后排右五)、张思敬(后排右二)、张慕葏(后排右三)、方惠坚(后排左一)在工字厅合影。

料系，并在国内率先成立继续教育学院；研究生教育初具规模，博士点增至 63 个，硕士点达到 98 个；教职工队伍优化调整，一大批中青年教学、科研和管理骨干迅速成长；科研规模持续扩大、水平不断提高，获国家各类科技成果奖数量居全国高校之首；校园环境和办学条件不断改善，精神文明建设成绩显著；对外交流与合作持续加强，产学研合作积极推进，初步形成开放式办学大格局。这一时期，为建设世界一流大学奠定了十分重要的基础。

1992 年邓小平同志南巡讲话以后，党的十四大确立了建立社会主义市场经济体制的改革目标和任务，这为我国高等教育和清华大学的改革发展提出了新的要求，也带来了难得的历史机遇。在 1993 年暑期的全校党政干部会上，学校党委明确提出："从适应和满足社会主义现代化建设的需要出发，把清华大学的奋斗总目标确定为：争取在 2011 年建校一百周年之际，把清华大学建设成为国际一流的具有中国特色的社会主义大学。"

世界一流，中国特色，加上一个预期时间表，这就是王大中接任校长前夕清华党委确立的迈向建校百年的奋斗目标。王大中十分清楚，要实现这一远大目标，必需高瞻远瞩的谋划，必经艰苦卓绝的拼搏。摆在他和同事们面前的首要任务，就是要确立学校跨越世纪的发展战略和行动规划。

## 二、建设"综合性、研究型、开放式"大学

根据学校党委的部署，王大中从 1993 年暑期以后就开始调研与思考清华迈向世界一流的发展战略，制定改革和发展的重大步骤并推动实施。这也贯穿在他后来长达十年的校长生涯中，成为他领导清华各项事业改革发展的主线。

在参加教育部组团到美国考察、在校内加强调查研究的同时，王大

中认真查阅资料、加强学习，以弥补自己长期在基层工作、高等教育理论和学校宏观管理知识相对欠缺的短板。当时，他把上海交通大学陶爱珠主编的《世界一流大学研究：透视、借鉴、开创》一书翻看了多遍，从中受到不少启发。王大中这一代清华人基本上都有过"干中学"的成长经历。面对事业上的"变轨"，王大中依然坚持"在战争中学习战争"，边干边学边思考，很快进入了新的角色。

### 战略转型的开篇布局

1994年1月19日，清华大学召开全校党政干部会，宣布了国务院对王大中的任命。新校长王大中在会上发表了就职讲话。

围绕创建世界一流大学的奋斗目标，王大中从学科建设、人才培养、科学研究、师资队伍、办学格局、经费支持、内部管理、基础设施、后勤服务等九个方面初步概括了世界一流大学的共同特点；客观分析了清华具备的基础，存在的差距、矛盾和困难；阐述了清华"九五"期间实行"总体推进，重点突破"的工作方针和主要任务。这个开篇讲话，集中体现了他参与学校领导工作以来形成的基本办学思路，重点阐述了即将开始制定"211工程"建设规划的指导思想。

王大中深知，尽管清华的许多教师有过留学世界名校的经历，但大多是在学术研究领域，对世界一流大学的全面认识还刚刚开始；尽管学校确立了建设世界一流大学的奋斗目标，但建设什么样的世界一流大学、如

1994年，王大中和党委书记方惠坚（左）在全校学生运动会主席台上。

何建设世界一流大学还是全新的课题。作为新一任校长，他的首要责任就是主持开篇点题，做好战略谋划。为此，他从世界一流大学具有普遍性的若干特点中，概括出三个主要方面，即学科水平、办学模式和开放度。他认为，这三个方面对提升大学的办学水平和社会贡献度具有牵动全局的重要影响。

在学科方面，王大中强调，世界公认的一流大学无不拥有若干世界闻名的高水平学科，在自然科学、技术科学和人文社会科学等各个学科领域发挥引领潮流的作用，探索学科前沿，重视新兴学科和交叉学科培育，这是一流大学保持创新活力的重要原因。

在办学模式方面，王大中总结了世界一流大学的两个标志性特点。一是注重培养高层次的创新人才，研究生比例高，涌现的学术、技术和社会管理杰出人才多。二是研究水平高，具有划时代意义的原创性科技成果大多出于这些大学，许多世界一流大学的软科学研究对本国政府的智库作用十分显著。

在大学开放度方面，王大中概括了世界名校的两个重要特征。一是对国际教育、科技和文化传播等方面的影响力；二是对本国和学校所在地区发展的贡献度。他强调，世界一流大学凭借实力优势，面向全球招聘高水平师资，吸纳优秀的留学生，在国际学术舞台上扮演重要角色，对本国和所在地区的经济社会发展作出重要的贡献。

其时，国家"211工程"尚未正式启动，但王大中在办学思想和治校理念上已经提前抓住"顶层设计"的关键。在汇集学校历届领导班子和同事们的集体智慧基础上，他抓住影响大学办学水平和社会贡献度的主要方面，选择清华改革发展的战略取向。此后的事实证明，王大中的开篇点题，成为引领清华向"综合性、研究型、开放式"实行战略转型的三大指南：

加速学科结构向综合性大学转型，在改善学科布局和重塑学科结构的过程中培育和汇聚学科相对优势，力争若干学科加快跻身世界先进水平。

加速办学模式向研究型大学转型，并大幅度提升清华的科技创新实力和水平，为国家培养更多高素质的富有创新精神和能力的高层次人才。

加速办学格局向开放式大学转型，在世界一流大学俱乐部中加强学习、借鉴、交流与合作，发挥自身特色和优势，努力为国家和区域发展作出新的贡献。

### "211工程"的开局行动

20世纪90年代中期，国家启动"211工程"，重点支持全国百所左右重点高校和重点学科力争在21世纪初期达到世界先进水平。"211工程"从国家层面拉开了建设世界一流大学的序幕，为清华大学改革发展注入了强大的动力。

从1994年初开始，王大中和学校领导团队坚持以"顶层设计"的指导思想动员全校力量，从本科教育改革着手，推进学校各项事业的改革发展。同时，组织"211工程"建设立项，编制"九五"规划，形成启动一流大学建设的行动纲领。

在学科布局和结构调整方面，王大中和校领导班子倾注了巨大精力，开展多方位的调研分析，认真听取海内外知名校友、世界著名学者和校内各学科骨干教师的意见。经过自上而下和自下而上的反复精炼，学校在"211工程"立项报告和"九五"规划中明确了学科建设方略，在发展工科优势的同时，形成向综合性大学战略转型的路线图。学校选择信息科技、先进制造、新能源、新材料及环境等学科领域，启动学科群建设，为随后全面推进学科布局和结构调整赢得了先机。

在人才培养和教育改革方面，王大中从1994年初开始就亲自主持以全面实施学分制为突破口的本科教育改革，继而推进本科教育和研究生培养模式的统筹改革，开启了构建研究型大学人才培养体系的教育改革。

在科研布局方面，王大中坚持"稳住一头，放开一片"的方针，稳住基础研究和重大项目攻关这一头，加强与培育基础研究和重大科技攻关项目；同时，打开面向经济建设主战场的一片新天地，推动建立清华与企业合作委员会，开拓横向科技研发和产学研合作新空间。

王大中和党委书记贺美英（左）在一起。

在对外交流与合作方面，王大中一上任就和同事们积极运筹并凭借已成立的清华大学教育基金会，拓展海外筹资渠道；大力推动同世界高水平大学的学术和教育交流，和跨国公司建立多种方式的产学研合作关系。

学校在人才培养、学科建设、科技创新、对外合作和社会服务等各方面接连推出一系列改革和发展举措，激发了全校各级干部和师生员工谋发展、促改革的巨大热情，为推动世界一流大学建设迎来了良好开局。

在1995年暑期全校党政干部会上，王大中在部署"211工程"建设以及"九五"规划实施时，重点阐述了建设"综合性、研究型、开放式"大学的战略转型行动纲领，在全校中层干部中取得高度共识。确定清华向综合性大学转型，被一些干部、教师喻为清华办学史上的"第二次院系调整"。

1995年10月召开的清华大学第十次党代会确认了学校的战略转型行动纲领，同时，贺美英接替方惠坚出任学校党委书记。在此后六年多时间里，贺美英书记和王大中校长联袂，带领全校以建设世界一流大学为目标实施一系列改革与发展措施。

## 三、抓住重大机遇，推动跨越式发展

制定和实施"211工程"建设规划，推动"九五"开局的改革和发展，对全校干部师生创建一流大学发挥了动员和组织作用。但是，清华"211

工程"一期建设经费仍难以支撑总体建设规划的实施。

机遇总是留给有准备的人。长期从事重大科技攻关的经历,让王大中坚信,建设世界一流大学是实现科教兴国战略的必然要求和重要举措,随着我国经济社会进一步发展,国家一定会更加重视高等教育,一定会更大力度地支持一流大学建设。

### "985工程":建设世界一流大学的战略举措

1998年5月4日,江泽民总书记在庆祝北京大学建校100周年大会上发表重要讲话提出:"为了实现现代化,我国要有若干所具有世界先进水平的一流大学。"由此推出的"985工程",是党和国家实施科教兴国战略举世瞩目的重大举措,为中国建设自己的世界一流大学吹响了强有力的"集结号"。

一种肩负国家和民族重托、力争乘势而上的激情,洋溢在清华园和北大燕园。在两所学校党委的高度共识下,王大中和北大校长陈佳洱联名给江泽民总书记写信,代表两校向党中央主动请缨。同时,两校分别向教育部打报告,呈送了建设世界一流大学的方案。

当年12月,国家"985工程"建设规划随着教育部《面向二十一世纪教育振兴行动计划》正式公布。清华和北大建设世界一流大学的报告获得中央批准,从1999到2001年三年间,两所大学各自得到18亿元人民币的中央财政性拨款。

1999年5月,王大中和北京大学校长陈佳洱(左)共同接受中央电视台采访。

"985工程"的中央财政性支持，使得王大中和他的同事们具备前所未有的资源配置条件，从而通过重点突破，带动全局，推进学校跨越式发展。可以说，实施"985工程"是中国建设世界一流大学正式启动的标志，也使清华建设一流大学的奋斗目标上升为国家战略。

"985工程"首期建设成效显著。工科的传统优势得到加强，文、理学科和生命科学等新兴学科的后发优势加快显现，艺术学科形成新的特色；科技创新综合实力大幅提升，基础研究领域的异军突起以及对国家智库建设的贡献尤其引人注目；师资队伍建设从内部培养到参与全球竞争与合作，引进高端人才，实现了历史性跨越；以"绿色大学"为建设理念的校园功能设施布局、环境和生态条件建设，塑造了蜚声海内外的一流大学校园风貌；清华对国家和区域创新体系的服务贡献不断赢得社会各界的认可和赞誉；同时国际交流与合作领域不断拓展，在世界一流大学俱乐部中发挥着日益重要的积极作用。

### 以人为本的价值取向的突破

在"985工程"建设期间，王大中和清华领导班子作出一个颇具胆识的决定，把支持高水平师资队伍建设的经费力争列入中央财政性拨款项目中，形成建设专项；同时，加大校内人事管理体制的改革力度，优先保证关键岗位的骨干教师待遇得到大幅度改善，在此基础上构建具有国际竞争力的人才高地。

在20世纪90年代的中国高校作出这样的决定，对外对内，都面临各种不定因素和许多敏感问题。王大中、贺美英等主要领导亲自主持，工作班子缜密运作，经过向上级主管部门的多次汇报沟通，通过校内人事管理体制改革的细致工作，这一步骤终于得到顺利实施。

没有一流的师资队伍，就没有一流大学。这个道理很多人都知道，也被很多人强调过很多遍。清华等高校率先迈出这一步，取得上级主管部门和社会各界理解，是社会对科教兴国主体力量的价值认可，符合党的科教兴国战略决策。

事实很快证明，这一措施产生的影响，对计划经济体制下"见物不见人"、忽视人才价值的思维定势至少是一次实质性触动。以此为转机，教育、科技、文化等有关主管部门和地方政府纷纷动作，对全国知识界走出长期低收入困境发挥了积极的推动作用。在高校内部，推动了人事管理体制改革，长期存在于高校中的"大锅饭"体制遗留的弊端得到有效的治理。

清华在建设世界一流大学的开局阶段，坚持以人才培养为根本，坚持依靠教授治学，这种以人为本的价值取向，是对建设世界一流大学的一种探索，不仅对当时的改革和发展产生了重要的推动作用，而且对大学的可持续发展具有深远的影响。

## 四、在实践中探索一流大学之路

在中国创建世界一流大学，是前无古人的伟大事业。随着"211工程"和"985工程"相继实施，社会上对于一流大学建设的关注持续升温，其中也不乏争议和疑虑。争议的焦点在于什么是世界一流大学，疑虑之处是在中国这样的发展中国家到底能不能建成世界一流大学。

在世界高等教育历史上，涌现了一批蜚声全球的一流大学。但何为世界一流大学，虽有各种评估机构推出的大学排行榜，却没有统一的评估指标体系，更没有公认的定义。什么是世界一流大学，怎样建设中国的世界一流大学，这也成为王大中和清华人在办学实践中不断思考、深入探索、着力回答的一个根本性问题。王大中的校长十年，就是探索和开拓清华一流之路的十年。

这里归纳的几个方面虽然难以概全，但从中可以看出王大中对清华创建世界一流大学的价值取向以及选择发展模式的主要思路脉络。

## 建设一流大学，应坚持"实力、贡献与声誉的综合"

在讨论"211工程"和"985工程"建设规划过程中，王大中多次强调，清华要创建世界一流大学，必须体现"实力、贡献与声誉的综合"。大学实力由硬实力和软实力两部分形成。硬实力，如大师级学术阵容、高水平研究机构、研究经费和学术成果等，大都可以用适当的量化指标评价，但大学的软实力，特别是软科学研究和文化影响力、内部凝聚力、大学培养的人才贡献和社会声誉等，难以量化。创建一流大学必须有国际视野，权威性评估机构的排行榜值得借鉴，其中代表硬实力的可比性数据，可以作为参考，但不能盲目套用，不能失去自己的方向感。

王大中强调的方向感，首先是清华的国家使命感。他曾经引述美国

1994年10月，王大中（前排右三）率团访问美国麻省理工学院，前排右二为该校校长查尔斯·维斯特，中国科学院院士、清华大学教授李衍达（前排左三）、清华大学总会计师陶森（第二排右一）陪同访问。

麻省理工学院原校长查尔斯·维斯特（Charles Vest）的名言"麻省理工学院是一所国家院校"、"从属并服务于美国"，强调大学的国家使命和贡献意识。王大中在任上的重要决策，无论是学科布局和结构调整、组织重大项目科技攻关，还是发展高科技产业、建设大学科技园、主动服务区域发展等，都体现了强烈的服务国家战略需要的紧迫感和责任感。

王大中强调的方向感，还在于坚持以人才培养为先，主导一流大学的建设方向。他认为，在大学的各种贡献中，人才培养是第一位贡献。清华要建设世界一流的研究型大学，追求学术水平的提升是绝对必要的，但任何时期都要坚持人才培养的中心地位。他选择本科教育改革作为突破口，大力发展研究生教育，推进清华的战略转型；从"211工程"到"985工程"，在资源配置等各方面全力保证人才培养和教育教学上水平；在校内关键岗位设置面临资金短缺时，他决定先从本科教学关键岗位开始推进……这些都体现了以人为本的价值取向。

20世纪八九十年代，哈佛等美国名校由于片面追求学术水准而忽视本科教育，被美国教育界有识之士批评为"美国大学教育的危机"和"失去灵魂的卓越"。相比之下，王大中当年的这些决策取向，避免了学术浮躁之风对大学教育价值观的冲击，确实难能可贵。

### 建设一流大学，应体现共性和个性的辩证统一

王大中和他的领导团队十分清楚，世界一流大学群体中的共性往往体现高等教育的内在规律，值得认真研究和借鉴；但是，世界各国的国情不同，历史文化背景以及大学内部治理结构等差异，决定了大学发展模式的多样性。清华的一流之路，只能根据中国国情，在自己的历史文化土壤上探索和开拓。

通过对世界名校的考察和分析，王大中非常关注美国研究型大学联合会（Association of American Universities，AAU）和"常青藤"大学联盟等的群体性特征。他了解到留美归国的清华公共管理学院薛澜教授对美国名校曾经做过比较研究，就安排专款委托薛澜教授组织课题组开展

深入研究。薛澜课题组整理出一份关于 AAU 的研究报告。王大中认为，这份研究成果对清华和国内其他"985"高校都很有参考价值。

AAU 成立于 1900 年，最早的成员包括哈佛、耶鲁等 14 所进行博士学位教育的大学。AAU 的"准入门槛"很高，成员必须是那些被认为有突出的研究生教育和较高研究水平的大学，扩展新成员必须得到全体成员至少四分之三的赞成票；当其成员研究水平明显走下坡路时，就要启动"退出"机制。时至今日，AAU 也只有 60 所美国大学和 2 所加拿大的大学。在 AAU 中，既有哈佛这样历史悠久的综合性大学，也有卡内基—梅隆大学这样只有几十年历史、学科门类不多的后起之秀。

王大中认为，这些大学的"类聚"现象更能反映大学校长对一流大学价值取向的认同。他在"211 工程"建设的开局，迅速确定清华向"综合性、研究型、开放式"大学转型，力图以综合性大学的学科结构和学术水平，以研究型大学的办学层次和办学水准，在世界一流大学群体中经受历练。

在他的主导和推动下，清华以更加充分的国际开放度，和世界一流大学之间联合培养创新型拔尖人才；在共同关注的能源、环境等领域组建联合研究机构，开展合作研究；清华科技园迅速成为世界一流大学科技园联盟的重要成员等等。在世纪交替之时，清华在世界一流大学俱乐部中扮演日益重要的角色，以不断提升的国际知名度和认可度，展示出跻身世界一流大学群体的强大活力。

与此同时，王大中始终坚持立足中国国情和学校实际，走自己的路。他和学校党政领导班子牢牢把握办学的社会主义方向，认真贯彻党的教育方针，引导学生又红又专、全面发展，加强产学研合作、推进区域发展，努力满足国家重大战略需要；大力传承弘扬清华优良办学传统，结合实际推进学科布局和建设、人事制度改革和教职工队伍建设、科研体制机制改革和行政管理、校园建设和后勤社会化改革，进一步彰显了清华的办学特色。

### 建设一流大学，要有"跳起摸高"的参照系

王大中认为，在中国创建世界一流大学，目标远大，需要经过几代人持续不断的探索和奋斗，各个阶段的目标定位很重要。他经历过中国核能事业的初创艰辛，常以"跳起摘果子"的通俗比喻，说明谋事取度的哲理。他曾经为此撰文阐述，如果目标选低了，果子早就让别人摘走了；如果定得太高，怎么跳也够不着，就是欲速则不达。

在王大中的直接推动和参与下，2003年3月，清华发起召开了"一流大学建设的理论与实践学术研讨会"，邀请厦门大学潘懋元、北京师

2003年3月29日，王大中（第一排左三）与参加"一流大学建设的理论与实践学术研讨会"的专家合影。原国家教委党组书记何东昌（第一排右四）、著名高等教育专家潘懋元（第一排左四）、中国教育学会会长顾明远（第一排右三）、北京大学党委书记闵维方（第一排左二）、清华大学副校长顾秉林（第一排右一）等参会。

范大学顾明远、王英杰等教育专家，北京大学、哈尔滨工业大学等兄弟学校的领导以及教育部有关负责同志参会。王大中在主题发言中阐述了清华关于建设世界一流大学的主要观点，引起各方普遍重视。在这次研讨会上，王大中再次阐明建立"跳起摘果子"的参照系理念。

他说，在一些世界公认的水准方面，采用 AAU 这样一种群体作为参照系，具有比较客观的可比性。如果清华和国内"985"重点建设高校在主要的可比性指标方面达到了 AAU 入围的"门槛"，就可以说明"跻身"世界一流大学有了国际意义上的公认度。这一理念得到"985 工程"大学群体的普遍认同。

在国际教育合作与交流方面，清华当时较多选择美国麻省理工学院进行比较，复旦大学、南开大学分别以耶鲁大学、多伦多大学作为参照，体现了中国"985"高校群体中不同大学的个性考量。教育部在"985 工程"二期建设验收时，要求各校都要选择一所世界一流大学作为参照进行比较，得到兄弟高校的普遍接受。

### 建设一流大学，离不开大师、大楼和大学精神

王大中常常强调，在中国创建世界一流大学，离不开本国历史文化和国情条件，离不开自身办学的成功经验。清华初创时期的快速崛起，以及建国初期经历院系调整之后举办工科大学的贡献，都为后人留下宝贵的财富。

王大中认为，在当时的历史条件下，中国不可能产生创建世界一流大学的梦想，但是，这两个历史时期清华追求卓越的理念和实践，既是当今清华迈向世界一流的历史根基，又为建设世界一流大学留下许多值得继承和发扬的办学理念。他从中归纳了清华创建世界一流大学的三个要素：大师、大楼和大学精神。

大师是体现大学办学水准的核心元素。王大中在战略谋划和资源配置决策等方面表现了强烈的大师情结。在他的任上，清华通过改革人事管理体制、改善办学条件等全方位努力，使师资队伍结构进一步优化，

整体水平快速提升。面向世界,广纳英才,成为清华快速发展的重要象征。

大楼代表办学的基础设施,师生工作、学习、生活的环境和服务条件。王大中上任不久,就主持了清华办学史上的第八次校园规划,并在任期内基本上把规划蓝图变成现实。王大中认为,大楼的背后是充足的办学经费,这是大学的运行活力和可持续发展的基本保障。他在谋划学校发展战略的开篇阶段,就以建立清华教育基金会为主要载体,不断拓展筹资兴学的渠道,作为构建开放式办学格局的重要功能之一。

大学精神被王大中概括为"大学的灵魂和动力"。在近百年办学历史上形成的清华精神,汇聚了中华民族的优秀文化,融合了人类文明的结晶。在王大中校长任上,清华恢复了"自强不息,厚德载物"校训,凝练出"爱国奉献,追求卓越"优良传统,倡导"严谨为学,诚信为人",清华精神成为创建世界一流大学的强大软实力。

从今天的发展现实中可以看到,经过国家"985工程""211工程"的若干建设周期,许多大学在大楼、经费等硬实力方面确有不少进步,与世界水平的指标差距在缩小。然而,在大师、大学精神等软实力方面仍存在差异,这将成为今后一个时期决定办学特色和水平的重要内在因素。

## 五、"三个九年,分三步走"

为了迎接清华建校90周年,王大中、贺美英和学校领导班子提前一年多就开始了认真的筹备组织工作。

作为一位具有高度责任感的清华校长,王大中在准备90周年校庆发言稿时,一种历史的负重感油然而生。1993年学校领导班子提出的在建校100周年之际争取建设成为世界一流大学,似乎言犹在耳,转眼间已经过去8年。90周年校庆之后,再过10年就是清华百年校庆。是让后人去回答清华的世纪命题,还是由现任班子重新审视当年提出的长远目标,他义不容辞地选择了后者。

### 对建设世界一流大学目标的再认识

王大中认为，清华前任领导班子在20世纪80年代和1993年提出的愿景目标，代表了清华创建世界一流大学的强烈愿望。在当时的客观条件下，不可能对建设什么样的世界一流大学以及如何建设作出确切的回答。今天的清华正在国家的大力支持下进入建设一流大学的重要推进阶段。尽管和以往的任何一个阶段相比，现在的改革力度空前，发展呈现跨越式特点，但是，对中国建设世界一流大学的长期性、艰巨性和规律性的认识才刚刚开始。这一任领导班子上承前任，下启来者，有责任对清华建设世界一流大学的战略目标有一个更为科学的表述。

为了准确表述清华建设世界一流大学的战略目标，王大中本人反复进行比较和推敲。从不咬文嚼字的他，屡经字斟句酌，作出两个重要的修改。

首先，以"建设综合性、研究型、开放式的世界一流大学"取代了"具有中国特色的社会主义大学"的提法，表达了清华追求世界一流的目标内涵。

其次，以"跻身"取代"建成"。他解释说，以"跻身"取代"建成"，既代表了建设世界一流大学的一个阶段目标，又突出了创建世界一流大学的长期性、艰巨性和动态特征。改革和发展永无止境，创建世界一流大学的历程永无终点。永无止境的一流大学发展观符合高等教育发展规律，也是激励清华的后来人坚持改革和发展的重要理念。

清华领导班子多次讨论，形成共识。2001年4月25日，在清华90周年校庆大会上，王大中郑重宣示："清华大学确立了建设综合性、研究型、开放式的世界一流大学的奋斗目标，争取在2011年，即建校一百周年之际，使清华大学跻身于世界一流大学行列。"

这是王大中校长任上清华领导班子和全校师生员工探索清华一流之路的实践总结和认识升华。

### 虑远谋近的"三个九年,分三步走"

2002年1月,清华大学召开了第十一次党代会,陈希从贺美英手中接过接力棒,和王大中校长一起,谋划清华面向新世纪的改革和发展方略。他是王大中校长任内的第三位清华党委书记。

同年11月,党的十六大确立了2020年全面建设小康社会的奋斗目标。在学习十六大精神的过程中,王大中、陈希带领班子成员,重新审视学校在21世纪初期改革和发展的阶段目标。

2003年4月,王大中和党委书记陈希(右)在工字厅合影。

这次谋划的主要出发点,是根据清华跻身世界一流大学的总目标,制定出相应的中长期阶段目标,并且把各个阶段目标和国家的发展战略更加紧密地联系在一起。

王大中认为,新时期历任领导班子和近年来全校师生的共同努力,为清华建设世界一流大学打下了良好基础。但清华的努力上升为国家行为,应该以启动"211工程"和"985工程"为标志;其次,2011年是清华建校100周年,这是一个重要的时间节点,代表清华第二个世纪历程的开启;再次,要把十六大确定的2020年国家发展战略目标作为下一个重要的时间坐标。由此,形成了清华从世纪交替到本世纪初叶发展的"三个阶段":

1994—2002年,第一个九年,调整结构,奠定基础,基本实现向综合性的研究型大学过渡。办学条件得到较大改善,学术资源得到较快积累,办学综合实力取得较快提升。

2003—2011年，第二个九年，重点突破，跨越发展，力争跻身世界一流大学行列，学校办学质量和主要学术成果努力达到世界一流大学的基本水平，成为世界高水平研究型大学"俱乐部"的一员。

2012—2020年，第三个九年，全面提高，协调发展，拥有一批具有世界级相对优势的学科，人才培养质量保持很高的国际声誉，具有产生重大学术贡献的实力，各项办学要素的汇聚使得学校总体上达到世界一流大学水平。

"三个九年，分三步走"的阶段安排，以清华建校100周年的奋斗目标为主要着眼点，和国家21世纪初期的发展战略紧密呼应，是王大中校长任上清华领导班子为创建世界一流大学留下的重要战略行动指南。

2003年王大中校长卸任之际，他在提交给全校教职工代表大会的书面报告中，不但进一步全面阐述了清华"三个九年，分三步走"的总体战略，并且提出了"第二个九年"的四项战略举措：实施教育创新战略，建立与完善研究型大学人才培养体系；实施科技创新战略，建立与完善研究型大学的科技创新体系；实施人才战略，建设一支高水平师资队伍；实施育人环境战略，加强校园基础设施建设，营造良好的校园文化氛围。

他还在报告中指出，按照国家"三步走"的战略，到本世纪中叶，我国将基本实现现代化，因此在2020年以后，我们还要继续努力发展，争取到2050年前后将清华大学办成具有先进水平的世界一流大学。

今天，创建世界一流大学的清华梦，已经深深汇入我国实现"两个一百年"目标和中华民族伟大复兴中国梦的时代洪流之中。新一代清华人正在前人开创的事业基础上，以更加开阔的视野、更加坚定的信心、更加执著的努力，向着世界一流大学的前列进发。

# 第三章

The Third Chapter

学科建设大手笔

# 学科建设大手笔

> "学科是大学运行和发展的基础。学科发展的前瞻性和先进性，决定着一所大学的未来。"

大学是以学科为基础建立起来的，学科架构决定了大学类型的定位，学科水平决定了办学水平。

自 1928 年清华正式改办大学算起，到世纪交替期间，学科结构的衍化经历了"之"字形的三阶段。从 20 年代末到 40 年代末，清华先后建立了文、法、理、工、农等学科，成为一所综合性大学；从 50 年代初院系调整到 90 年代初期，清华经历了多科性工业大学的不同发展阶段，并自 70 年代末开始启动文理科的恢复重建；从 90 年代中期到 21 世纪初期，清华基本上完成了办学史上的第三阶段学科布局和结构调整，成为一所学科门类比较齐全的综合性大学。

王大中从一开始就把学科建设作为重中之重，在学科布局调整和重构过程中，他和学校领导班子经历了各种富有挑战性的风险决策，以浓墨重彩留下大手笔，对清华后来的发展产生了重要影响。

## 一、以内涵发展为主的学科布局

20 世纪 90 年代，我国一批高校通过合并与重组等方式，短时间内成为学科门类齐全、办学规模庞大的综合性大学。当时，北京地区曾有一些院校表达了并入清华的意向，其中有的院校的重点学科还是 50 年代从清华分出去的，对于清华重新调整学科布局具有较强的互补性。

对此，学校领导态度谨慎。王大中让副校长何建坤对相关的院校进行实地考察，而后在领导班子中作出利弊分析。从调研情况看，虽然有些学校少数优势学科对清华有互补性，但不利因素也很多，与清华同构性或相近的学科将会成为"大包袱";加之一些历史遗留的体制性问题,办学规模的扩张,文化的冲突和融合等,都潜藏着不可预计的风险。经过反复研究,王大中和校领导班子决定,清华必须坚持以内涵发展为主导的学科布局调整方针。

### "以我为主"和"有所为,有所不为"

在王大中看来,以内涵发展为主的学科布局主要体现在两点:一是坚持"以我为主",掌握主动权;二是坚持"有所为,有所不为",突出重点,重在提高。

学科布局和结构调整是校长对学校发展进行"顶层设计"的重点。在访问世界闻名的英国剑桥大学卡文迪许实验室时,王大中发现,该实验室自创建起始终从事物理学领域的基础研究,但百余年来的研究内容与方向却发生过多次重大变化,学科名称依旧,内在的知识结构却不断更新。这是知识创新的重要特征,也是这个实验室能够涌现那么多诺贝尔物理学奖获得者的一个重要原因。

王大中意识到,"以我为主",就必须加强对世界科技、经济等发展趋势的判断,并结合国家经济社会发展重大战略需求,主动进行学科布局和学科内涵的调整,只有这样才能把握学科发展的主动权。50年代初院系调整后,当时蒋南翔校长带领全校组建了一批高技术学科的新专业,调整了部分传统学科的内涵,才奠定了清华在工科领域的领先地位。

清华要从多科性工业大学再发展为综合性大学,既要发挥已有学科的传统优势,又要培育新建学科的后发优势,选择充满风险与艰辛,各种应力都集中在有限资源如何配置上。在此期间,王大中曾邀请美国加州大学伯克利分校校长田长霖来校访问。田长霖以切身体会说到,任何一所大学都不可能同时选择很多学科达到世界一流,一定要有先有后,研究型大学一定要想办法在一两个领域首先取得突破,使之成为全世界

1994年3月30日,国家教委副主任张孝文(右三)、清华大学校长王大中(右一)接待来访的美国加州大学伯克利分校校长田长霖(右二)。

最好的学科。伯克利分校的经验,对王大中和清华确立的学科建设要"有所为,有所不为"方针作出了很好的诠释。

在制定"211工程"和"985工程"首期学科规划论证过程中,王大中和学校领导班子充分发挥各个学科领域著名专家和学术骨干的作用,重点从世界科技和产业发展趋势、国家重大战略需求、清华的资源承载力等三个主要方面开展认真的分析和研判。在学术民主中凝聚集体智慧,使清华的学科建设决策基本上做到情况明、决心大、风险小。

### 制定学科布局与重点建设路线图

善于吸收班子成员和其他同志的正确意见,是王大中的一个突出优点,在学科建设方面亦是如此。他上任之初,适逢清华制定"211工程"立项报告和"九五"规划。根据常务副校长梁尤能等的建议,王大中和校领导班子确立了学科布局和结构调整的指导思想:"发展工科优势,加速理科和管理学科发展,完善人文、社科、艺术学科布局,争取在生命学科方面有所突破。"

同时,学校按照"九五"和"十五"的十年时间跨度,以及"211 工程"和"985 工程"两个国家重点建设规划,形成了清华学科布局和建设的实施"路线图":首先是工科,之后是理科和生命科学学科,然后是人文社会学科和管理学科,最后是医学学科。这张"路线图"保证了学科布局和结构调整的有序性,也对突出重点和资源配置发挥了重要引导作用。

在王大中校长任期内,"路线图"规划的各阶段预期目标基本实现。以构建工科"学科群"为重点,清华在信息科技和网络工程、先进制造、新能源、新材料以及环境等学科领域,进一步强化了优势;加强理学院和建立高等研究中心,基础研究实力快速提升,生命学科以"少而精"的阵容显示出令人瞩目的后发优势;2001 年建立医学院;对人文社科的学科专业进行了结构性调整,在 1984 年建立清华经济管理学院的基础上,1999 年成立法学院,同年与中央工艺美术学院合并、成立清华美术学院,2000 年成立公共管理学院,2002 年成立新闻与传播学院。到 2003 年,清华的学科已经覆盖了理、工、文、史、哲、法、经济、管理、教育和医学等门类,基本实现了综合性大学的学科布局。

2001 年,教育部有关机构组织了全国高校二级重点学科评选认定,清华的二级重点学科由 10 年前的 29 个增加到 49 个。在 2002—2004 年开展的一级学科整体水平评估中,清华 37 个一级学科参评,其中的 13 个学科名列全国第一,获第一的学科数居全国高校之首,从一个方面显示了当时学科调整和建设的成效。

## 二、工科"学科群"的理念和实践

清华的工程技术学科具有悠久历史,为新中国的工业建设培养了大批优秀人才,学校因此素有"工程师摇篮"之称。

在建设综合性大学的战略转型中，全校上下形成共识，工科的传统优势不能削弱，但必须面对全球科技革命带来的机遇和挑战，调整学科内涵和组织架构，培育新优势，为培养新型工程科技人才、增强科技创新能力提供更加坚实的支撑。王大中和他的"顶层设计"团队在"211工程"和"985工程"首期规划中，开展了以"学科群"建设为重点的探索和实践。

### 传统工科面临的挑战和机遇

从20世纪下半叶以来，以计算机和通信技术为主导的信息科技革命席卷全球，新材料、新能源和生物技术等领域的科技创新高潮迭起，以创新驱动的产业经济在发达国家和地区促使传统的经济模式发生急剧变化，孕育出知识经济的强大生命力。国外主流经济学家认为，经济全球化趋势不可避免，必然导致全球产业结构的重塑，促使世界进入后工业化时代。

发达国家和地区的工程教育改革步伐加快，从学科专业内涵到组织架构都在发生不同程度的变革，学科交叉、跨学科研究等集成创新，被许多世界一流大学视为21世纪高等教育改革和发展的重要趋势之一。

相比之下，长期沿用"学苏"模式的清华工程技术学科面临日益严峻的挑战。专业划分过细，学科内涵陈旧；以教研组甚至课题组为基本单元的学科组织架构和管理体制，存在着以邻为壑、自相摩擦的体制性弊端，对科技创新竞争力和人才培养水平造成的制约日益显现。

### "学科群"理念和布局

通过对世界范围科技创新潮流和产业经济发展趋势分析，结合对国外一流大学相关学科的考察、比较，王大中、梁尤能等学校领导和工科领域各学科带头人逐步理出冲破传统学科专业"藩篱"、提升学科综合实力的主要思路。1994年，清华大学"211工程"规划明确了建设"学科群"的理念。

学科群的概念，虽然并非王大中的首创，但他敏锐地感到学校前几年提出的建设学科群是抓住历史机遇、推动工科发展的有效措施，并且通过广集众智明确了学科群建设的主要脉络。一是抓住信息化和工业化互动的主线，加速传统制造业相关学科向信息化先进制造方向转变。二是以理工结合为主线，整合相关学科资源，在新材料、新能源以及环境生态等学科领域培育创新竞争力。三是以相关学科资源集约化为主线，通过内部管理体制改革建立新型学术组织架构，促进跨学科和边缘学科的基础与应用研究。

在学科群的布局上，当时学校首先选择信息科学与技术、材料科学与技术、先进制造、能源工程、核能与核技术等5个工程领域开展试点。此外，确定建筑、环境、固体力学等作为重点建设工程技术学科。

在校内管理体制和学科组织机构方面，学校加大改革力度，先后组建了信息学院、机械学院以及材料科学与工程研究院、信息技术研究院、环境科学研究院等跨系研究院，为"学科群"和其他跨学科研究提供体制保障。"九五"期间，宇航技术研究中心、微纳米研究中心、人居环境研究中心等一批交叉学科研究机构相继组建。

学科群的建设理念、布局和内部管理体制改革，对清华世纪之交的教育改革和科技创新产生了积极的推动和支撑作用。例如，本科实行"大类招生"与"宽口径"培养，以学院和相关学科为平台重构学科基础课程体系等，都得益于旧有专业壁垒的破除。

1994年，横跨信息和机械学科的清华大学CIMS中心赢得美国制造工程师学会颁发的"世界大学领先奖"，成为我国先进制造领域学科水平的重要标志。

2001年，富士康集团捐助3亿元人民币，和清华签署协议共建纳米科技研究中心。该中心在中科院院士、物理系教授范守善的带领下，短短数年就发展成为我国纳米科技领域具有国际水准的研究基地，取得了一批重要研究成果。

而清华材料学科赶超世界先进水平，更是学科群建设的一个典型案例。

1995年3月30日，英国前首相撒切尔夫人参观CIMS工程中心，王大中（左五）、吴澄教授（左三）陪同。

### 材料学科的崛起

在清华，从事材料科学研究的院系和单位很多，但相互之间疏于来往，重点建设的资源配置十分困难，仪器装备很容易出现低水平重复购置和低效益运行的状况。为扭转这一被动局面，学校决定成立一个跨院系的材料研究院，覆盖能源、材料、信息、生物等12个学科，以重点推进材料学科群建设。

王大中和领导班子经过慎重考虑，从原冶金研究总院聘请朱静院士出任材料研究院院长。朱静院士到任后，通过多方商议，反复推敲，疏理出发展思路：一是明确重点突破方向；二是建设高水平的共性技术支持平台；三是推动相关学科的交叉；四是加强人才队伍建设。这一发展思路得到王大中和学校领导的一致肯定。

在学校的大力支持下，朱静院士克服各种困难，协调各方，带领大家快速建成一个具有世界先进水平、实行集约式管理、高效运行的材料"学科群"支撑平台，形成一支高水平的学术梯队。

1997年，在材料研究院成立后的短短数年间，清华在材料学科领域不断实现重要突破，并在学科交叉方面培育出一批追踪世界前沿的后起之秀。例如，生物应用材料研究起步较晚，崔福斋教授担任研究室主任，率领团队依托材料学科群的平台，汇聚多学科力量，在纳米人工骨研究方向异峰突起，他本人也成长为该方向国际知名的领军人物。

进入21世纪，清华的材料学科快速崛起，一批基础研究成果接连发表在《科学》（Science）、《自然》（Nature）等国际顶尖的学术期刊上，学科总体水平挺进世界前列。

2008年11月25日，人民日报和中央电视台等媒体分别报道了清华大学材料学科在国际上的影响力。根据基本科学指标数据库（ESI）对全球1998—2008年发表的SCI论文统计表明，清华的材料学科论文总数在全球高校和学术机构中排名第2，被引用总数排名第8。

学科群的理念和布局经过实践中的探索和不断完善，从工科扩展到其他学科的建设中，成为推动全校学科布局和学科结构调整的重要举措。

## 三、加速理科发展

高水平的综合性研究型大学，往往都有强大的理科。在王大中担任校长以后，清华进一步确立了理科在建设世界一流大学全局中的重要地位，并强调以教师队伍建设为本，加快推动理科发展。

### 清华理科的辉煌历史和复建历程

众所周知，在1952年全国高校院系调整之前，清华理学院曾经有过一段辉煌的历史。

数学系由著名数学家郑之蕃、熊庆来、杨武之、江泽涵、赵访熊、段学复等先后担任系主任，培养出陈省身、华罗庚、吴大任、庄圻泰、许宝禄、柯召等享誉国内外的数学大家。

物理系在系主任叶企孙先生主持下，吴有训、周培源、萨本栋、赵忠尧、任之恭、霍秉权等名师云集，毕业生中涌现出王淦昌、赵九章、陈芳允、彭桓武、钱三强、王大珩、郭永怀、邓稼先、朱光亚、周光召等10位"两弹一星"功勋奖章获得者，以及诺贝尔物理学奖获得者杨振宁、李政道，国际应用数学大师林家翘等世界级名人，其中两院院士（学部委员）多达40多人。

化学系由著名化学家张子高、黄子卿、高崇熙、萨本铁、张大煜、张青莲等名师执教，侯德榜、庄长恭、杨石先、纪育沣、袁翰青、唐敖庆、唐有祺、邹承鲁等30多位院士和一大批化学化工领军人才曾经在此工作或学习。

生物系首任系主任是著名植物学家钱崇澍，著名学者陈桢、吴韫珍、李继侗、娄成后、徐仁等先后执教，为我国培养了包括30余位中科院院士在内的一大批杰出的生物学家，其中有微生物学家邓叔群、植物生理学家汤佩松、昆虫学家刘崇乐和获得2008年国家最高科学技术奖的植物学家吴征镒。

经过新中国成立初期的全国院系调整，理学院从清华迁出，只保留少数教师担任工科基础课教学。改革开放以后，清华开始复建理科各系并于1985年重建理学院，聘请校友周光召院士兼任院长。到90年代中期，理学院的应用数学、应用物理、应用化学和生物四个系，以承担全校基础课程教学为主，培养一部分应用型专业人才，学术力量相对薄弱。

**重振理科的艰难选择和坚实步伐**

王大中毕业于工程物理系,在量子力学、热力学、原子物理、统计物理和数学等方面有一定的知识功底,加上长期的核工程经历,理工结合的科学素养使得他对发展理科的重要性具有一种源于直觉的判断。

早在接任校长之前的调研中,他就开始对清华的理科"软肋"感到忧虑。他向部分教师征求关于理科建设的看法,当时的意见概括起来主要有这样几点:一是理科应该继续定位在以基础课教学为主,专业应以培养应用型人才为目标;二是办理科应该以保证工科优势为前提,学校资源有限,要避免战线拉长的风险;三是理科建设需要巨大投入,等将来国家给钱再说。

从这些意见中,能看出当时清华理科的现实状况,也可看出一部分教师对提振理科还缺少紧迫感和信心。是维持现状、等待时机,还是从战略高度把重振理科提上日程?王大中校长选择了后者。

在确立建设"综合性、研究型、开放式"大学的发展思路时,王大中就意识到,没有强大的理科,综合性大学就没有牢固根基,工科优势也难以持久。他和学校领导班子审时度势,在学科布局和重点建设安排上,继发展工科优势之后,把加速理科发展,争取生命科学有所突破列入"九五"和"211工程"建设规划。

为了科学把握清华理科的发展方向,王大中多次向杨振宁、李政道、陈省身、周光召等清华学长请教,并同理学院主持工作的副院长熊家炯,数学系萧树铁,物理系陈皓明、顾秉林,化学系廖沐真,生物系赵南明、隋森芳等几任系主任反复交流探讨。据不完全统计,王大中到理学院调研和讨论不下30次。校长对发展理科的高度关注和务实作风,使熊家炯和理科各系主任、学术骨干的自信心、责任心倍增。

熊家炯等列举美国麻省理工学院在20世纪30年代发展纯理科、加强基础研究的案例,先后起草了《加强理科建设的几点措施》和《再谈发展我校理科的几点认识与建议》,阐述了"没有一流的理科就没有一流大学"的观点。

这些建议，都得到王大中和校领导班子的重视和采纳。学校决定，去掉理科各系名称中的"应用"二字，促使理科从应用型研究主导转向基础研究主导、从教学研究型模式转向研究型模式。

国家"985工程"启动实施，为清华重振理科带来空前机遇。

1994年2月，王大中与中国科学院院长周光召（左）在一起讨论学校理科发展。

1999年，数学、物理新楼拔地而起，它们与积淀老清华光荣传统的化学馆、生物馆形成浑然一簇的理科楼群，透射出继往开来、重振雄风的强烈气息。在振兴清华基础研究综合实力的学科布局和学科结构调整中，王大中和他的领导团队再一次落笔生辉。

自王大中2003年4月底卸任校长之后，继任的清华领导班子在"第二个九年"继续发力，以理学院和生命科学学院为主要承载的清华理科大踏步向学科前沿不断挺进，"第一个九年"的艰辛开拓、耕耘和播种，在"第二个九年"结出累累硕果。

### 从生物技术到生命科学

2009年底的一天下午，生命科学学院（原生物系）召开座谈会，祝贺隋森芳、程京两位教授分别当选中国科学院和中国工程院院士。座谈会组织者特别邀请老校长王大中到场，请他共同分享生命科学学科近年来的发展成就。

饮水思源，清华生命科学学科的建设者们不会忘记当年王大中校长在学科布局上的远见卓识和过人胆略。

1984年复建的生物科学与技术系，当时在清华只是一个小系。历史上曾经令人瞩目的生物馆已经改作校医院，新建的生物系一开始是挤在被称作"36所"的狭小空间里。一位来自厦门的优秀保送生看到如此简陋的环境条件，目瞪口呆，再听说隔壁曾是校医院的太平间，禁不住"哇"的一声哭起来。

在这样单薄的基础上，要营建现代生命科学大厦谈何容易，又是什么原因促使核工专家出身的王大中关注起生命科学的学科布局？

90年代，信息科技与生命科学的重大进展引人注目，而且被公认将继续引领21世纪初期的科技革命潮流。在考察美国加州大学伯克利分校的时候，田长霖校长向王大中介绍，伯克利原来的生物非常强，但都是传统学科，虽有30多个学科方向，但是慢慢就落后了。后经田校长将这30多个方向调整为4个现代生物学学科。致使伯克利的分子生物学和生命科学很快走到全美的前列。伯克利的经验使王大中很受启发，他下决心支持生命科学的发展，期望有所突破，并将其列入学校"211工程"和"985工程"学科建设规划。

在实施"985工程"一期建设规划时，王大中和学科建设领导小组认真研究了生物系主

王大中和原生物系主任赵南明（左）在一起。

任赵南明等关于生命科学学科架构、人才引进、科学仪器装备以及建设的预期目标等，决定拨出 1.2 亿元支持生命科学学科发展。

在当时的清华，这个数目占到全校 6 亿学科建设经费的 20%，确是风险不小的决策，很多教授表示不理解和反对，有人还质问主管科研的副校长龚克："你们把钱投给谁了？投给了 Nobody！"意思是，生物系根本没有一个有名气的教授，居然给这么多钱，觉得学校领导是拍脑袋、瞎指挥。

王大中和他的领导团队顶住了压力，而生物系的快速崛起也确实没让学校领导失望。饶子和、程京、王志新、孟安明以及后来施一公等一批中青年才俊先后聚集清华，先进的技术装备陆续到位，分子生物学、结构生物学、基因组学、生物芯片等研究领域一跃而起，备受瞩目。

### 今非昔比的理科综合实力

在王大中卸任以后，清华的领导班子继续高度重视和积极推进理科的发展。

根据 2013 年的统计，清华理科教师只占全校的 13%，却拥有 19 位院士，占全校院士的四分之一，其中绝大多数院士都是前两个"九年"成长起来的。同时，理科先后有 29 名中青年教授受聘教育部"长江学者"，占全校的五分之一多；52 人获得国家杰出青年科学基金，约占全校的三分之一。

理科被 SCI 源刊收录的论文数量快速增长，质量显著提高。最近 10 年来，清华 SCI/SSCI 论文中，理科占了 46%。据 2013 年 ESI 的论文总数统计，清华的数学、物理、化学、生物学科分别在全球学术机构中列第 52、29、21、161 位，均在国内高校中名列前茅，其中物理处在我国高校的首位。以物理系为例，2009 年论文被引用次数超过 4500 次，是 10 年前的 10 倍；平均单篇引用次数从 2001 年的 0.69 次，提高到 2008 年的 1.54 次；近来每年都有几十篇论文发表在《自然》（Nature）、《科学》（Science）、《物理通讯》（Physics Report）、《物理评论快报》（Physical

*Review Letters*)等高影响因子的期刊上。

人才培养水平显著上升,基础科学实验班、生命科学实验班的毕业生中已经有一批年轻学者在国际上崭露头角。

根据教育部下属机构的学科评估,清华的数、理、化、生四个学科2007年均被评为全国一级学科重点学科。在2012年最新一轮全国一级学科整体水平评估中,清华生物学获得第1名,实现了理科第一"零的突破",同时物理学、数学、化学分列第4、5、6名。

如果说,20多年前的清华理科还是一片刚刚开垦的荒芜之地,如今这里已经百花争妍,翠峰如簇,充满无限生机。

## 四、文科的谋局、布局与成局

早期的清华文科因为汇聚了一批学术大师而享誉全国。

国学研究院四大导师梁启超、王国维、陈寅恪、赵元任皆为学界泰斗。文学家闻一多、朱自清、李广田,哲学家张申府、冯友兰、金岳霖、贺麟,政治学家张奚若,经济学家陈岱孙,社会学家陈达、潘光旦、费孝通,历史学家蒋廷黻、雷海宗、刘崇鋐、张荫麟,西洋文学家吴宓、王文显,都长年在清华执教。

语言学家王力,文史学家吴其昌,古文献学家刘盼遂,楚辞学家姜亮夫,散文家梁实秋,历史学家吴晗,剧作家洪琛,戏剧家曹禺,作家钱钟书、马识途,东方语言学家季羡林,翻译家查良铮、王佐良,外语教育家吴达元、许国璋,音乐家黄自、张肖虎、茅沅,表演艺术家英若诚等人,都曾经在清华学习过。

然而,经过1952年全国院系调整,清华只保留了政治课和外语等基础课师资队伍,文科基本上处于"休眠"状态。

改革开放以后,清华文科开始缓慢复苏。从1979年起,学校先后设立经管、外语、社科和中文系，1984年成立经济管理学院，1993年12月成立了人文社会科学学院。那时文科在清华还只是"弱势群体"，至90年代初仅有思想政治教育专业一个博士点。

### "十下人文学院"

清华加速向综合性大学转型，把文科建设提上议事日程。1994年，学校做出"完善人文、社科、艺术学科布局"决定。1997年，分管文科的校党委副书记胡显章向王大中校长建议，希望学校能像抓理科一样抓文科建设。那年暑期以后，王大中和党委书记贺美英等一道，开始了对文科的系列调研。

这年8月27日，新学期伊始，王大中、贺美英率学校领导班子成员和人文学院的领导班子座谈。王大中与贺美英在总结中强调，清华建设综合性大学，人文社会科学一定要有大的发展；要重点布局、做好规划；加大资金投入；要下决心聘请一些大师级学科领军人物。

此后，王大中、贺美英等学校领导先后和中文、公共管理、哲学与

1993年12月，校长张孝文（左三）、党委书记方惠坚（左二）、王大中（右一）与学校老领导何东昌（右二）、滕藤（左一）在人文社会科学学院成立大会上。

社会科学等学科的干部和教师座谈。学校主要领导，特别是王大中校长如此集中精力抓文科布局，在文科复建以来还是少见，让文科的干部和教师精神振奋。有心人统计了一下，说王大中与贺美英在一个学期"十下人文学院"，从中可见清华领导班子谋划文科布局的用心。

在此期间，胡显章等学校领导专门拜访了陈岱孙、季羡林、张岱年等著名校友，听取他们对母校文科发展的建议；邀请了全国文科名家进行研讨，为清华发展文科献计献策；组织了对国外一流大学的专题考察。在1998年的寒假务虚会上，学校领导重点讨论了文科建设。

对于清华的文科建设，校内外始终存在争议。校内的质疑主要担心战线太长导致资源分散；校外一些文理综合的兄弟院校对清华建设文科心态复杂，一些非议时有所闻。

在务虚会上，王大中根据大家的讨论意见，概括了清华加强文科布局的几点考虑。一是清华人才培养目标多样化，随着国家经济社会发展、建设法治社会的需要，未来的干部不可能都是技术专家出身，文科出身的比例会不断上升。二是清华对国家的贡献，不能仅局限于科技领域，很多一流大学都具备"智库"功能，为政府决策提供咨询。三是加强素质教育，特别是提高大学生人文素质，需要高水平文科。这些颇有战略眼光的见解得到班子成员一致赞同。

### 入主流，高水平，有特色

确立清华文科建设的指导思想是"顶层设计"的关键之一。在讨论过程中，学校先后有过"坚持内涵发展""先应用、后基础""小而精、高水平"等提法。

时任校党委常务副书记的陈希特别强调要把"入主流"放在第一位。他举例说，印度和巴基斯坦有一种运动项目叫"卡巴迪"，世界上会玩的国家不多，应该说很有特色，但入不了奥运会主流，那个"世界第一"就没有多少意义了。

王大中和大家都认为这个例子很有说服力。经过反复提炼，领导班子确定把"入主流，高水平，有特色"作为文科发展的指导思想。入主流，就要抓好基础，文史哲是整个文科的基础，清华文科长期断层，基础薄弱，需要厚积薄发。高水平，就要锁定一流目标，同时立足现实，从应用文科抓起。有特色，就要选择若干方向加快重点突破，形成清华的比较优势。

经过集思广益，胡显章提出的"一个基础，四根柱子"的人文学科构架得到领导班子的共识。"一个基础"是文史哲，"四根柱子"则指经济管理、公共管理、法学和新闻传播。同时，大家还同意，在时机合适时，要发展艺术学科。

在文科建设方面，胡显章还提出五方面措施。一是引进优秀的学术带头人，形成学科梯队；二是创造宽松的学术环境，提高学术水平，以"学术研究无禁区，课堂讲授有纪律"来处理研究和教学的关系；三是探索适合文科特点的管理模式，避免套用工科的管理和评价机制管理文科；四是重视教学和人才培养，既要面向全校学生开展文化素质教育，又要适度扩大文科学生规模、提高培养质量；五是加强国际合作，瞄准世界前沿，借鉴国外先进经验。学校领导班子认为，这些措施切实可行。

为了按照文科发展规律建设文科，学校领导班子决定设立文科处，先挂靠学校科技处，保证学科建设资源配置和学术成果管理的相对独立。

### 文科的历史性变迁

在"第一个九年"谋划的蓝图和打下的基础上，经过"第二个九年"及其后的连续努力，清华文科实现了历史性的大跨度跃升。

文科布局基本完善。目前，清华设有人文学院、社会科学学院、经济管理学院、美术学院、公共管理学院、法学院、新闻与传播学院、马克思主义学院、五道口金融学院等9个学院，文科师资和学生规模在全校的比例明显提高，生源质量稳居国内前列，成为综合性大学人才培养体系的重要标志。

师资阵容大为改观。在专门史、科技哲学、伦理学、现当代文学、中国古代文学、心理学、英语语言文学、中外语言学与应用语言学、社会学、政治经济学、国际关系学、高等教育学等学术领域聚集了一批国内外著名专家学者。到百年校庆前夕，已有4人列入学校"百名人才引进计划"，4人入选教育部"长江学者"特聘教授，18人任国家社科基金评议组成员。其中，李学勤、李伯重、李强、万俊人、阎学通、彭凯平、蓝棣之、刘江永、赵丽明等都是各自领域的著名学者或优秀中青年教授，大多数在国际和地区具有相当的知名度。

学术水平大幅提高。截止到2010年，全校共承担文科类学术研究项目400多项，获得国家社会科学基金优秀成果奖、全国高校人文社会科学优秀成果奖等各种奖励200余项，文科教师共出版各类著作600余部，发表论文3000余篇。

进入新世纪10多年来，清华文科的整体实力显著增强。根据教育部公布的2012年（第三轮）一级学科评估结果，清华的管理科学与工程、设计学保持第1名，马克思主义理论、公共管理列第2名，工商管理、艺术学理论位居第3名，美术学第4名，社会学、新闻传播学第5名，应用经济学、法学、中国历史、哲学、外国语言文学也处于第6～10名。

近年来，清华为中央和地方各级政府提供决策咨询服务的能力不断显现，除了具有传统优势的科技领域，在法治建设、社会公共事务、金融危机应对、国际和地区关系等诸多领域，国际社会和国内公众也不断听到来自清华的声音。

### 朱镕基与经济管理学院

经济、管理学科的发展，是清华文科建设的一个亮点。

谈到清华经济管理学院，几乎每个清华人都会自豪而感激地提到朱镕基老院长，他从1984年建院起就兼首任院长达17年之久。

无论在国家经委、上海市工作，还是担任国务院副总理、总理，作

1997年4月,中央政治局常委、国务院副总理朱镕基(右三)听取学校汇报,原校党委书记李传信(右四)、校长王大中(右二)、党委书记贺美英(右一)等在汇报工作。

为院长的朱镕基每年都会听取学院工作汇报,对学院发展提出重要的指导意见。他多次语重心长地对学生们说:"我用一只手把你们从社会上接进来,在学校里培养好,再用另一只手把你们接到社会中去。"他对母校一往情深,对经管学院情有独钟,为培养适应社会主义市场经济体系建设需要的高端人才付出了巨大心血。

王大中接任校长之后,学校在制定"211工程""985工程"建设规划过程中,大力支持经管学院调整学科结构,金融、会计、市场营销、企业战略、人力资源管理等相继建系。

1997年春,朱镕基来校听取经管学院工作汇报,提出要加紧开展国际会计师专业学位教育。学校决定,当年选择5个沿海省份投放招生名额。首批入学的30名学生按照国际会计师认证协会制定的教学规程,接受了全外文教学的严格训练,第三学年过后,在该协会组织的全球范围测试中，清华学生一举摘得银牌（加拿大学生凭借英语优势摘金）。

1999年，朱镕基对学校和经管学院领导提出，面对经济全球化，学生的英语水平很重要。经管学院的课程都应该用英语开课，海外回来的教师大多没问题，每个学期再派出几个人，不是搞研究，是回来就包一门英语授课的课程。学校和经管学院随即采取举措，经管学院很快在校内率先实现专业课程的全英语教学。

2000年，在朱镕基的倡议和指导下，清华聘请了一批著名跨国公司的高管和国际著名学者组成经管学院顾问委员会。此后，朱镕基几乎每年都要亲自接见委员会全体成员，听取他们的意见。自此，该委员会为清华经管学院走向世界，为中国经济管理高端人才培训等发挥了独特的重要作用。

朱镕基出任国务院总理后，工作更加繁忙，他几次向学校提出要辞去经管学院院长，王大中和学校都极力挽留。2001年朱镕基去意已决，学校挽留无果，只好退而请他任经管学院名誉院长，他依然谢绝，最后只同意担任经管学院顾问委员会名誉主席。

2001年6月5日，朱镕基在国务委员陈至立陪同下来到清华，在综合体育馆向全校师生代表发表了一场别开生面、推心置腹的告别演讲。对母校的眷恋之情，为人坦荡的胸怀，风趣幽默的话语，对同学们的殷切期望，让在场的师生们时而全神贯注，时而掌声雷动。

在即将结束演讲时，朱镕基动情地说："今天，我告别清华，以后就很少来了。但是，

2001年6月5日，王大中在朱镕基总理告别演讲会上。

请大家放心,我的心永远留在清华。清华的每一个成绩,我都会欣慰;清华的每一个难处,我都会关心;清华的每一个不足,我都会指出。"此时全场数千名师生无不动容,王大中在演讲结束致辞中禁不住几度哽咽,让师生们在感动之中看到了校长的真性情。

朱镕基老院长离任之后,依然牵挂母校,关注经管学院。他把欧盟中小企业委员会颁发给他的10万欧元奖金转赠给经管学院,并以多种方式继续关心经管学院的发展。

令朱镕基感到宽慰的是,目前经管学院已经成为清华规模最大的学院,在校生达4000人,办学水平不断提高。近年来,学院积极推进通识教育和教学改革、人事制度改革,开展X-lab等创新创业能力培养项目,并在国内率先通过国际商学院联合会(AACSB)认证和欧洲质量发展认证体系(EQUIS)认证,成为亚太地区同时拥有三项国际认证(AACSB商学院认证,AACSB会计认证和EQUIS认证)的三家商学院之一,其中EMBA国际项目自2012年以来连续三年在英国《金融时报》全球EMBA百强排行榜中名列前茅,初步实现了跻身世界一流商学院的目标。

### 法学院的复兴之路

法学院曾是清华早年的五大学院之一,培养了诸如代表我国参加对日战犯东京审判的大法官梅汝璈、国际法庭的中国大法官王铁崖等许多老一辈法学英才。

王大中接任校长以后,法学界的清华老校友呼吁母校应该根据党中央"依法治国"方略复建法学学科,得到王大中和学校领导高度重视。学校于1995年复建法律系,在此基础上于1999年成立法学院。

当年复建法学系的底子"一穷二白",教师只有两个半。学科发展方向和办学模式也存在许多争议,是参照国内现有的法学专业招收文科生,还是参照国际主流法律系的办学模式开展法学第二学位教育和研究生教育,仁智各见。

1999年4月24日，全国政协副主席罗豪才（前排左九）、原国家教委党组书记何东昌（前排右八）、清华大学校长王大中（前排左八）、清华大学党委书记贺美英（前排右七）、清华大学原校长张孝文（前排右六）、清华大学党委副书记胡显章（前排右二）等出席清华大学法学院复建大会。

时不待人。关于生源问题，学校同意采取两种方式解决：一是面向社会招收文科生入学；二是从校内招收转系生，探索法学人才培养新模式。随着法学院办学条件改善，从校内其他专业转系的学生积极性提高，他们的基础知识结构更加适合法学硕士专业学位教育。

世纪交替之际，由香港中信泰富有限公司主席荣智健先生捐赠港币2100万元，加上学校投入建成法学院"明理楼"；此外，荣智健还捐赠港币900万元支持法律学科发展；学校从"985工程"专项经费中拨款支持建设模拟法庭，法学院办学基础设施条件得到根本改善。

为了加强师资队伍的建设，学校党委选派李树勤担任法学院的党委书记。李树勤当过校长助理和水利系、人文学院的党委书记，他与胡显章一起，前后为清华文科引进了100多位优秀人才，其中就有一批法学界著名专家学者。法学院能成功地引进一批学科领军人物，除了清华的声誉、国家和社会支持等诸多因素之外，与胡显章、李树勤等引进人才的诚意和执着有很大关系。

例如，马俊驹教授原本要受聘出任国内一所著名政法大学的副校长。胡显章和李树勤多次主动上门拜访，清华领导的求贤若渴，精诚所至，打动了马俊驹教授，他终于改变初衷进入清华，为法学院学科建设和人才培养发挥了重要作用。

对此，李树勤总结说，请能人要有"程门立雪""三顾茅庐"的精神，要有"萧何月下追韩信"的劲头。胡显章、李树勤两人出身工科，但对优秀的文科人才懂得尊重和包容。

引进香港何美欢教授又是其中一例。法学院建院之初，学校根据青年骨干教师王振民的推荐，拟从香港引进何美欢教授，她是当时内地在普通法方向的稀缺人才，香港大学曾要聘请她出任法学院院长。

但出乎预料，这位人选却被清华法学院学术委员会否定了。李树勤带着王振民紧急向王大中校长反映，经反复商讨，最后由学校直接聘请。

何美欢教授来清华后，为清华法学院的人才培养，为内地在港上市的证券监管适用法律框架设计等，发挥了无可替代的作用。她热爱学生，讲课精彩，被学生称为"中国教书最认真的老师"，深受学生爱戴。她后来在香港去世，法学院学生们闻讯后纷纷自发在网上发帖悼念和追思。

经过多年的厚积薄发，清华法学院的办学水平和国际声誉快速跃升。根据2011年英国QS高等教育评估机构发布的数据，清华法学院位列全球大学法学院第45位，是中国唯一进入全球前50名的法学院。随后的2012、2013年，清华法学院一直处于QS全球排行榜的前50名。这从一个方面显示，清华法学院踏上了朝着世界先进水平大步迈进的复兴之路。

### 公共管理学院和我国 MPA 教育的先行者

王大中在谋划清华文科布局过程中，特别注意到世界名校对政府的智库作用。受国内兄弟院校的启发，他提议在软科学研究中心基础上筹建"21 世纪发展研究院"，作为加强公共政策研究的校级学术机构。

1995 年夏天，刚从美国卡内基—梅隆大学获博士学位的年轻学者薛澜回国短期访问，和王大中校长见面后，立即找到回归的感觉，王大中也十分欣赏这位年轻人的才华。第二年 3 月，清华 21 世纪发展研究院正式成立，以"小实体、大联合"的模式开展研究。薛澜博士也很快回国来到清华。

中国当时还没有公共管理硕士（MPA）教育。1997 年，清华率先依托管理科学学科平台试行招生开展 MPA 教育，同时向国务院学位办提出增设 MPA 学位的申请报告。1998 年，国务院学位办组织专家论证 MPA 设立的可行性，薛澜和经管学院常务副院长赵纯均参会。论证会争议很大，主办方提议请王大中校长到会作出说明。

王大中考察过国外 MPA 教育，先后 3 次访问著名的哈佛肯尼迪政府管理学院。他在论证会上对清华和国内开展 MPA 教育的必要性和可行性作了简明扼要的说明，终于获得通过。

1999 年，国务院学位委员会正式批准设立 MPA 专业学位；2000 年，国务院学位办批准清华等 24 所高校试点举办 MPA 教育。同年，清华公共管理学院成立，确立"高起点、高水平、国际化"的办院方针，

2000 年 10 月，王大中和国务院发展研究中心党组书记陈清泰（右）共同为清华大学公共管理学院成立揭牌。

同时聘请国务院发展研究中心党组书记陈清泰校友担任首任院长。在陈清泰卸任后，薛澜教授接任院长，带领全院保持持续快速的发展势头。

历经10多年发展，公共管理学院已建成一批高水平学科，形成一支既有国际视野又能立足国情的精干教师队伍，在全国首批获得公共管理一级学科学位授予权，为国家培养了上千名MPA毕业生和一批公共管理博士，承接了大量各地党政干部的培训任务。学院教师在公共政策和管理的各个领域开展了大量的理论和应用研究，为国家和各级地方党委政府提供了重要的咨询建议。

近年来，清华大学公共管理学科在国内外的影响力不断提升。2013年7月，清华大学MPA项目通过公共管理院校联合会（NASPAA）的国际认证，成为美国之外全球首例通过该认证的MPA项目。

### 新闻与传播学院：主流中的特色优势

20世纪80年代初，全球科技浪潮涌动。清华应新华社和各大主流媒体要求，在1985年成立的中文系设立编辑学专业，从校内理工科学生中招收部分转专业学生开展"双学位"教育，培养既有科技知识又有文化素养的复合型人才。从90年代中期开始，全球信息网络化突飞猛进，信息传播技术日新月异，新媒体迅速发展，清华1998年建立传播系，开展人才培养和现代传播技术研究。

1999年，曾任上海市委书记的海峡两岸友好关系协会会长汪道涵先生给胡显章打电话，希望清华在文科布局中重视新闻传播，面向国际，为提升中国的国际形象培养高水平人才。胡显章当即向王大中和学校核心组做了汇报，引起学校重视。随后，汪道涵先生又亲自打电话给王大中校长。学校领导班子认真研究了汪道涵先生的意见，决定建立国际传播研究中心，筹建新闻与传播学院。

胡显章等通过调研发现，我国新闻界需要的人才大多数还是新闻类毕业生，只有加强新闻学，才能"入主流"。学校领导班子同意这一判断,决定把新闻学列为重点建设学科优先发展,同时,继续重视新媒体等信息传播技术研究,并聘请《人民日报》原总编辑范敬宜主持新闻与传播学院的筹建工作。

范敬宜先生是久负盛名的老一辈新闻工作者,对培养新闻传播人才有独到的见解。他说,过去高校培养的人,我们感到不好用,基本上都要"回炉"。清华大学要培养新闻传播方面的人才,就要"面向主流、培养高手",毕业生如果进不到新华社、人民日报社等主流媒体,干脆就不要办。2002年4月,新闻与传播学院正式成立,范敬宜院长提出"素质为本、实践为用、面向主流、培养高手"的办学理念,对办学水平的快速提升产生了重要的指导作用。

在人才培养方面,学院以"读万卷书,行万里路"为导向,倡导学贯中西、融会古今、文理结合,注重为学生打下广博的知识基础;同时,引导学生深入社会,面向基层,关注国计民生,了解国情民情。数年间,全院学生的实践足迹留在了楼兰古城、塞北草原、太行山区、红军长征路、罗布泊、珍宝岛、北大荒等,收效良好。2003级学生李强利用寒假在山西进行社会调查,写成4万余字《乡村八记》,被《人民日报》部分刊发。温家宝总理亲笔复信给范敬宜院长,称赞"《乡村八记》是一篇有建议有内容的农村调查"。2006年2月7日,《光明日报》头版头条刊发中宣部、教育部联合调查组的报告《培养深爱国家和人民的当代大学生——清华大学新

2002年4月,清华大学新闻与传播学院成立,王大中向《人民日报》原总编辑范敬宜(右)颁发院长聘书。

闻与传播学院教学与实践相结合的调查》，同时教育部以 1 号文件转发全国高校。

"面向主流"的办学理念已经成为现实。学院积极开展与中央新闻媒体的合作，人民日报社、新华社、光明日报社、经济日报社、中央电视台、中国日报社等单位都是学生的实习平台，大部分学生都能到主流媒体实习一个学期。同时，为进一步培养熟悉境外传媒、具有国际视野的人才，学院还与境外媒介机构进行探索性的合作，如选派学生到《南华早报》、路透社北京分社和韩国放送公社等机构实习，目前全院约三分之一的学生可以获得海外交流机会。

学科方向进一步拓展。依托新闻学和传播学的学科基础，形成国际传播、影视传播、新媒体传播、媒介经营与管理等主要方向。学院在学界、业界的影响力不断上升，尤其在国际传播和媒体与科技、艺术相结合以及影视理论与批评等学术研究以及文化产业研究方面，已经形成了一定的优势。

## 五、科学与艺术的珠联璧合

1998 年，轻工业部根据国家高等教育管理体制改革的精神，准备把中央工艺美院交给北京市管理。当时的轻工业部人教司负责人在一次开会时遇到清华原党委书记方惠坚，说起是否可以考虑将中央工艺美院并入清华大学。方惠坚向王大中、贺美英转达了这个信息，并建议学校积极争取。

中央工艺美院成立于 1956 年，是我国艺术设计和教育的最高学府。其中的艺术大师如高庄、吴冠中、常沙娜等都和清华素有渊源。在清华早期的综合性学科结构中，理、工、文、艺相互交融的文化氛围，常为杨振宁、李政道、钱学森等所称道。考虑清华重塑综合性学科布局，王大中及学校几位主要领导，都支持争取将中央工艺美院并入清华的建议。

受校长、书记委托,方惠坚专程拜访刚卸任中央工艺美院院长的常沙娜教授。常沙娜早有把工艺美院发展成为大学的愿望,由于多种原因未能如愿。面对清华的诚意,她表示一定出面促成。此后,双方开始正式接触。工艺美院领导班子和多数教师表示了积极的态度,院长王明旨和时任院党委书记的清华校友赵亮宏等向广大师生分析了与清华合校的发展前景,清华相关领导也应邀到工艺美院介绍清华近年的改革发展态势。对未来的共同期待,为合并奠定了良好的思想基础。

经过轻工部和教育部批准,1999年11月,中央工艺美院与清华正式合并,更名为清华大学美术学院。

### 拓展艺术学科发展空间

美术学院成立后,清华将艺术学科建设纳入"211工程"和"985工程"规划,成为创建世界一流大学的组成部分。为了加速提升艺术学科水平和人才培养质量,学校相继出台一系列举措,推动美术学院快速发展。

骨干人才引进力度加大,效果显著。学校选派计算机系党委书记张凤昌(后来担任清华大学副校长)继赵亮宏之后担任美院党委书记。张凤昌是计算机专业出身,对艺术不在行,但对引进人才却十分专注和内行。他上任不久,就把全国十大美术院校跑了个遍。随之,李象群、曾成钢、代大权、王洪亮、孙玉敏、王铁牛等一批艺术家相继进入清华。

1999年11月,王大中与中央工艺美院院长王明旨(右)共同为清华美术学院揭牌。

王大中与美术学院学生在一起。

短短数年，清华美院实力大增。

艺术招生文化门槛逐步提高，研究型大学办学模式基本形成。此前，工艺美院和全国大多数美术院校一样，招生偏重艺术成绩，文化成绩偏低。王大中校长曾向吴冠中先生征求看法。吴先生说，要是培养工艺匠人，文化水平低一点无所谓，如果要想往更高的层次发展，文化修养必须上去。短时间内可能没什么差别，时间一长，差别就出来了。

于是，学校教务处和美院一起，根据培养高素质、高层次、富有文化创意的美术人才的要求，逐年提高清华美院本科招生的文化课门槛。不久，清华美院招生的文化课成绩有了大幅提高，生源质量稳步上升。"十五"期间，美院适度压缩本科招生名额，扩大研究生培养比例，学术研究实力快速提升，办学模式基本上实现了向研究型大学的转型。

学科结构和专业面向不断拓展。并入清华之前，工艺美院的艺术设计只有一个二级学科。合并后，美术学院确立了"保持设计艺术学科优势，加速发展美术学科"的方针，并于2000年、2003年先后取得美术学硕士和博士学位授予权。设计艺术学在2002年被教育部认定为国家重点学科。在2012年全国一级学科评估中，清华美院的设计学无可争议地位列榜首。

### 科学与艺术结合的文化意境

艺术与科学、技术的交叉，孕育着新的文化意境。2001年清华90周年校庆之际，在吴冠中、李政道共同倡导下，清华美术学院成功举办了国内首届"艺术与科学国际作品展暨学术研讨会"，许多国家和地区的艺术家竞相参会参展。

中国美术馆展厅内，各种艺术珍品光彩耀目。展厅中央，由作为科学家的李政道和作为美术家的吴冠中共同构思创作的不锈钢雕塑"物之道"和"生之欲"，分别以高能束流碰撞瞬间形成的彩色图像和DNA双螺旋结构示意图为原型，寓意深远，尤其引人注目。

刚莅临清华出席了90周年校庆大会的江泽民总书记，在王大中和李政道、吴冠中等陪同下，仔细参观了展览，对科学和艺术的结合予以高度评价。中央其他领导同志、国家各部委和北京市领导及社会各界人士纷纷前往参观，主流媒体连续报道，好评如潮。如今，"物之道"和"生之欲"雕塑相映成趣，成为清华园一景，以令人遐思的艺术之美和永恒动感，透射出人类对物质科学和生命科学真谛的不懈探索精神。

科学技术与艺术的结合，作为培育科学文化素养和科技创新意识的教育理念，在新时期的清华发生着潜移默化的作用。近年来，美术学院的信息艺术系和信息学院，陶瓷艺术系与材料学院，工业设计系与机械学院，环境艺术系和环境学院等加强合作，优势互补，共同培育出一批交叉学科平台，在人才培养和学术研究方面形成特色优势，为许多世界名校所关注，促进了高水平的国际合作与交流。清华校园的科学、艺术和文化氛围更加浓厚。

**付出真心，赢得真情**

20世纪90年代，相当一批高校在合并后都经历了不同时间的艰难磨合。清华美院之所以走上平稳过渡、快速发展的道路，和当时的两校决策层以及双方干部、教职工的共同努力分不开，而王大中校长和清华领导班子在并校之后的一系列决策和措施，在其中发挥了极其重要的作用。

毋庸讳言，在并校前后的那一段时间里，原中央工艺美院的部分教师难免存在不同程度的怀疑和观望情绪。但是随着时间推移，王大中等清华决策者的诚意和大度，清华的人文情怀，对美院大多数干部和师生员工产生了无形的凝聚作用。从机关到院系，从教职工到学生，对美院的干部和师生表示出的真诚和热情随处可见。

在与工艺美院合并之前，清华已经实行了岗位津贴制度。学校决定，要按照同样标准为美院的管理干部和教师们发放岗位津贴；美院教职工子女进入清华附小、附中等，按照校内相关规定一视同仁。各种实实在在的措施，使美院教职工感到温暖。艺术类学生的到来，为清华的文化氛围增添了新鲜色彩，学生班级间自发联谊，很快走向融洽与和谐。

王大中、贺美英、陈希等主要领导要求学校各部门根据艺术教育和创作特点，尊重美术学院的自主管理，美院实行"科研与教学并重，作品与论文并重"的管理和评价办法，专业职务聘任充分尊重艺术学科教授委员会意见。

并校之后，王明旨教授出任清华副校长，同时兼任美院院长。逢年过节，他以双重身份和学院党委书记张凤昌等干部挨家挨户走访，看望和慰问美院的离退休老干部、老教师。这些老人大都住在城里，为了方便他们就医，学校专门配备了一辆用车。王明旨诚恳地对王大中说："很多老同志都反映，现在是我们学院历史上最辉煌的时期。"

### "五十年不落后"的美院大楼

为了使美术学院与清华融为一体,在并校之初,清华的领导班子就下决心要尽快把美术学院从光华路校区迁入清华园。

王大中在讨论美院大楼建设的专题会议上提出"五十年不落后"的高标准,让与会者为之一震。为了体现面向世界、面向未来的设计风格,为了使建筑更好地适应工艺美术学科特色要求,学校基建处提出,对美院大楼设计采用国际招标。这将是清华校园内建筑首次采用国际招标。

清华自己有建筑学院和建筑设计院,校内建筑物居然实行国际招标,当时引起部分教师的反对。一些教师写信向建设部反映,或通过清华校友向王大中和主管基建后勤的副校长郑燕康提出质疑。

王大中意识到,引入竞争机制,会和传统思维定势发生冲突,需要加强内部思想沟通,也应鼓励学校的建筑设计队伍参与国际竞争。他让郑燕康安排一次面对面的交流会。经过沟通交流,原来有不同意见的老师对学校的做法表示理解,赞同美院大楼设计应该通过国际竞争来体现高标准。

国际招标的竞争规则是公平的,清华建筑设计院参加了投标。由国内外艺术大师、建筑大师组成的专家组经过严格评审,最后选中美国人设计的方案。美院大楼于2005年竣工,美术学院迁入清华园,这标志清华学科布局调整过程中的一个重要的体制性变动圆满落幕。

原中央工艺美院位于朝阳区光华路的校区占地45亩,包括食堂和学生宿舍在内的全部建筑面积不到6万平方米。新建的美院大楼全部用于教学和办公,面积达6.2万平方米,教师们拥有宽敞明亮的设计室,让很多老教师称羡不已。李政道先生参观后感叹说,清华美院的硬件条件在世界上都是一流的。

在筹备百年校庆时,学校对校园主要道路正式命名。美术学院大楼西侧道路被命名为"光华路"。采用原有路名命名,既表达了清华对美院历史的尊重，又寄托了良好的祝愿。命名以后，美术学院有位老师自豪地说："我们要让新的光华路比原来的光华路更有名。"

今天的清华，是百年历史的延续，是一代代清华人以战略眼光超前思考、辛勤耕耘的结晶。在王大中校长任上，清华基本上完成了学科布局和结构的战略性调整，为学校在新世纪竞逐世界一流奠定了雄厚的根基。在清华走向未来的新征程中，学科结构和内涵的变动在所难免。王大中校长和他的团队当年留下的大手笔，精妙之处绝不仅仅只局限于学科结构本身，而在于其中蕴涵的胆识、包容和大气，以及对日后发展的影响。

# 第四章

## The Fourth Chapter

百年树人新篇章

# 百年树人新篇章

> "大学的根本任务，第一是培养人，第二是培养人，第三还是培养人。"

随着建设"综合性、研究型、开放式"大学的战略转型，清华大学在王大中校长任上经历了一场规模广泛、力度空前、影响深远的教育教学改革，基本上奠定了研究型大学的人才培养大格局，确立了面向21世纪的人才培养目标及培养模式，构建了服务社会、富有活力的继续教育和基于现代信息科技的远程教育系统，为发扬光大清华百年树人的办学宗旨谱写了新篇章。

## 一、改革人才培养模式的一场硬仗

上任之初的王大中经过多方调研，对本科教育中存在的主要问题有了直接感受。

面对市场经济对人才需求的多样化以及毕业生就业的双向选择，"学苏"时代形成的专业设置，越来越不能适应现代科技发展潮流、全球产业结构调整和国家改革开放的要求，部分专业的教学内容、课程体系和训练方式日显陈旧。学校虽然设置了部分本科第二学位和辅修课程，但深受学生喜爱的教学资源短缺，无法满足许多优秀学生的求知欲，抑制了学生的学习积极性和主动性。教学管理体制相对僵化，不少学生感到课业负担沉重，严重制约了个性充分发展，等等。

### 从实施学分制开始的"转轨"

1994年春季学期一开始，学校就围绕实施学分制召开各种座谈会，王大中和领导班子成员认真听取干部和教师代表的意见。

派往国外名校考察的各路教师认真分析了学分制体现的教育理念和价值观，校报《新清华》连续发表系主任和名师谈学分制的文章，形成施行学分制的共识。学生们对学分制的议论十分热烈，充满期待，特别是低年级学生更是兴奋。他们说，如果学校能够为我们创造比较宽松的学习条件，我们就会从"要我学"变成"我要学"。王大中决定趁热打铁，动员全校力量加紧准备，从秋季学期开始实行学分制。

准备工作连同暑假在内只有不到半年时间，涉及教学计划修订、课程和实践教学资源拓展、师资力量配置直至后勤保障等各方面。其时"211工程"尚未启动，学校财政性投入非常有限，困难之大、矛盾之多是可以想象的。王大中数次主持会议统筹协调，对关键环节往往自己出手，检查督办。

他首先关注实行学分制的基本条件建设。在他的亲自督促下，学校计算中心和教务处紧密配合，迅速开发出国内高校第一套学生选课系统。各类基础教学实验室和实践训练中心利用有限的经费扩充实验教学装备，基础电工实验室花5万元自制和改装了100多台（套）电工测量和实验仪器，几位教师跑遍北京商场买到库存布料，自制实验室窗帘。物理实验室、材料力学实验室、测试实验室等利用科研调剂设备改装或自制教学实验装备，开设了各类可供学生自选的高水平实验项目。后勤服务系统为适应学分制教学运行节奏，调整和延长食堂开放时间，等等。经过全校努力，本科学分制教学计划在1994年秋季学期正式实施。

王大中关注的另一个问题是教学一线的师资力量。学分制的核心环节是选课制。选课一开始，就出现了学生选教师的现象，教学水平高、效果好的教师，选课学生"扎堆"，自然也有些教学效果差的课程"门可罗雀"。

尽管在学分制准备阶段，王大中就让余寿文副校长责成教务部门加快调整、充实和加强教学第一线的师资力量。但当时基础课建制刚撤销不久，数、理、化以及不少专业基础课程的任课教师还处于以讲课为主的教学型状态。因此,全校高水平基础课教师面临短缺。

王大中明白,要解决这一问题,必须对学校的人事管理和激励机制实行重大改革。随着"211工程"启动,学校决定首先从教学开始,实行教师岗位聘任制,加大岗位津贴,引入新的竞争机制。在较短时间内,一大批以博士生导师为主的学术骨干走上教学第一线,促进了教学和科研相结合。有关通识教育、科技前沿以及人文社会科学的新课程数量不断增加,深受学生欢迎。

王大中更关注实施学分制之后的教学改革实效。他考虑自己长期在"200号"工作,对本科教学不熟悉,便让教务处从教学一线物色一批有丰富教学经验的教授担任校长教学顾问,以及时掌握教学情况。教务处经认真挑选,从工、理、文等不同学科共聘请了8位教授。王大中亲自向他们颁发证书,经常召开顾问座谈会了解教学状态,鼓励他们为学校的教育教学改革出谋划策。

### 对本科长学制的质疑

实行学分制,不可避免要涉及清华由来已久的本科学制问题。

在一次教师座谈会上,一位教授直言不讳地说"清华最应该改的就是本科5年制"。在和校友接触中,王大中也听到部分老校友对"长学制"的不同意见。这些校友当年高分进清华,学习年限长,但毕业后的待遇和其他4年制的高校毕业生没有区别,工龄反而短了一年。

王大中知道这个问题在清华比较"敏感"。他上任之初,一位老领导曾经善意地提醒,本科长学制是清华的传统,最好别碰。

面对教育改革的难点问题,王大中没有匆忙做出决策。他知道,学制是大学教育的一项基本制度,本科长学制是清华一个历史时期形成的。当年我国没有学位制度,蒋南翔校长曾经尝试用苏联培养副博士的教育方式培养我国工业化急需的高层次人才,把清华建设成为我国著名的"工程师摇篮"。

历史证明，在上世纪 50 年代国内尚未建立学位制度的情况下，清华的本科长学制的确成功地培养了大批高层次人才，对国家工业化建设作出了实实在在的重要贡献，取得许多成功经验，在 80 年代初国家建立学位制度之后，清华的本科教育是否继续实行长学制，校内外都存在不同看法。

在一向尊重历史传承的清华，历届领导班子都讲究"不翻烙饼"，上任不久的王大中自然也是如此。但他更了解，学制是为实现人才培养目标和培养要求设定的，需要审时度势、顺势而进，不能思想僵化、形成"禁区"。

他多次谈到世界著名研究型大学的各种人才培养模式。哈佛、麻省理工、斯坦福等世界名校的本科、硕士年限都比我国大学短，但博士研究生的培养年限大多比较长。大学本科的学制除极少数专业外，基本上都是 4 年。英联邦国家和地区的高校本科教育大都是三年制，一般以 5 年取得学士和硕士学位。联邦德国的工科大学以 6 年学制培养 Diplom – Ingenieur（国内多称之为文凭工程师），成为培养德国工业界技术和管理骨干的主流模式。

所以，王大中认为，人才培养目标和培养模式是教育改革的核心问题。抓住核心问题，学制问题也就水到渠成，迎刃而解。

### 统筹本科教育和研究生培养

在 1995 年暑期全校干部会上，王大中代表学校阐述"211 工程"建设和"九五"改革发展规划，提出建设"综合性、研究型、开放式"大学的战略转型任务，成为促使清华人才培养模式产生根本转变的重要转折点。

会后，王大中召集教务处、研究生院和部分院系干部讨论人才培养和教育改革的深层次问题。部分干部提出，实施学分制改革不能仅仅停留在本科教育教学改革上，应该和研究生培养统筹考虑，探索研究型大学的人才培养新模式。有的建议，先把本科教育和硕士研究生培养贯通起来，比较容易实现，这就是"本硕贯通培养"提法的由来。

学校领导班子经过慎重考虑，同意对本科和研究生的两个阶段实行统筹培养改革。根据王大中提出的"先行试点，分步推进，动态调整"的实施方针，学校教务和研究生管理部门以本科学分制教学计划为基础，形成本科教育和研究生培养既有区分又有统筹的高层次人才培养模式的试点方案。

方案基本框架是：以6年时间，按照学分制管理体制，使大部分学生完成学士和硕士培养；以5~6年时间在信息、经济、管理、人文、法学等方向培养一批跨学科的双学位复合型人才；将大多数工科专业的本科5年制调整为4年制。

1994年，校长王大中（前排左五）、党委书记方惠坚（前排右三）、"一二·九"奖学金设立者张宗植学长（前排左四）、党委副书记贺美英（前排左二）、党委副书记张再兴（前排左一）与特等奖学金、蒋南翔奖学金和"一二·九"奖学金获得者合影。

新培养方案突出"强化两头，优化中间"的原则。"强化两头"是指一头强化本科基础教育特别是通识教育的核心课程，另一头强化实践训练，对本科阶段的实践教学环节进行充实和加强，并确保硕士课题研究时间。"优化中间"的重点是对本科和研究生的部分学科基础课程和专业课程进行整合，对部分内容陈旧、重复设置的课程实行"删、停、并、转"，有的删繁就简，有的停开，有的合并，有的以最新的学术讲座取代。在两个阶段的中间环节设置了"B+M"（即本科和硕士阶段都可选择但只能一次计分）的课程，以便于学生根据导师指导意见和个性需求灵活选择。

试点方案的讨论稿几经上下讨论修订，在校、院（系）两级主管干部和部分骨干教师中取得较高程度的认同。

这是清华大学战略转型期本科教育和研究生培养模式的一项重大改革，王大中决定，要认真听取学校老领导意见，同时，加紧准备召开全校教学讨论会，把人才培养和教育改革的指导思想和试点方案提交给全校干部和师生充分讨论，形成改革共识。

王大中亲自和学校原党委书记李传信交换意见，得到李传信的大力支持。副校长余寿文拜访了曾任国家教委副主任兼党组书记的清华老领导何东昌，其他校领导也专门向在校的部分两院院士介绍学校人才培养和教育改革的基本框架。几乎所有的老领导和专家对6年完成学士和硕士培养都表示赞成，但对本科学制从5年改4年，一些老专家和老领导还是心存疑虑，担心对本科教育质量造成不利影响。

### 全校教学讨论会的意外"插曲"

清华的教育改革历来具有较高的社会关注度。1995年10月底全校第20次教学讨论会开幕前夕，出现了一个意料之外的"插曲"。

事情起因于学校宣传部门对媒体的一次例行"吹风"会。一家主流媒体记者敏锐察觉出清华教育改革的新闻价值，并设法拿到当时还不对外公开的改革试点方案，次日即以醒目标题《清华实行本硕贯通，本科学制5年改4年》见报。一时间多家媒体转载，来电来访不绝。

此事很快惊动了当时的国家教委，主要负责同志认为清华对学制问题缺乏论证，对此"深感不安"。同时，原已受邀出席开幕式的国家教委一位负责同志也表示不便出席。为了取得与上级主管部门的沟通时间，学校决定，开幕式推迟举行。

清华的改革之旅还未启程就遇到"黄灯"，工字厅内的空气似乎有些凝重。王大中和校核心组成员对上级批示意见进行了认真研究认为此事是由于媒体报导失误引起的。但考虑到召开教学讨论会是清华内部的事情，教育教学的重大改革必须首先广泛听取全校干部和师生员工意见，发挥全校积极性和主动性，才能把自己该做的事做好，因此决定会期推迟一个星期。

1995年11月6日，清华大学第20次教学讨论会开幕，本科和研究生统筹培养、深化教育教学改革的一场硬仗揭开序幕。散会后，一位老教师颇为感慨地说，这是他所参加的清华历次教学讨论会中分量最重的一次，但会场场面有些"萧瑟"，使他有点儿意外。这位教师显然不知道一周之前发生的"插曲"，但他的看法的确折射出清华改革面临的种种压力。

这次教学讨论会几经自上而下、自下而上各种方式的互动，历时半年，到1996年3月闭幕。全校干部和师生员工对试点方案形成较高的共识，对攻坚克难发挥了重要的思想动员和实施组织作用。同时，各种教育思想和理念的碰撞不断出现，为后来举行全校教育思想大讨论埋下伏笔。

王大中的风格是对一件事一定要想明白才干，一旦决定干就义无反顾，坚持到底。这项教育改革是他出任校长以后遇到的第一场硬仗，尽管困难和阻力超出预想，但他坚持慎重初战、迎难而上、精心组织，发扬稳扎稳打的实干精神和硬朗作风。他要求所有校领导都深入各个院系，还特别布置副校长余寿文和教务长吴敏生带队，逐个院系调研。他们带着有关部门跑遍了全校 17 个院系，检查每个院系按照新的试点方案制定的教学大纲，从中了解急需学校解决的重点问题。

由于新方案最快要从 1996 年秋季学期付诸实施，在过渡期间，全校本科教学势必出现三种不同版本并存的局面，给教学运行和管理带来极大困难。王大中要求学校各部门和各单位全力保证转轨时期的正常教学运行和管理，确保教育教学质量，确保正常的教学秩序和学生的生活秩序。同时，他心里清楚，过渡期的人才培养和教学方案必须抓紧时机加速"并轨"才能避免乱套，才能把主要精力集中到提高人才培养水平和教育质量上。

### 迎来转机，打破制约瓶颈

万事开头难，但重要的转机出现了。

第一个转机是与国家教委的沟通出现了成效。时任国家教委副主任的周远清到学校和王大中等清华领导交换意见和认识，对清华本科教育和研究生培养模式的改革方案总体上表示理解和支持，同时也提出重要的指导意见。这次沟通为清华的教育改革从外部管理体制上开放了"绿灯"。一年多之后，教育部发文正式批准了清华本科学制更改方案。

第二个转机是争取到国家计委的支持，解决了研究生培养规模的"瓶颈"难题。学校做过测算，统筹本科和研究生培养并使毕业的硕士研究生占到本科年招生规模的 50% 以上，形成主流培养模式，现有的免试推荐研究生指标至少新增 300 名。当时主管研究生招生计划的国家教委学生司十分理解和支持清华的改革，但教委确实没有计划指标了。在学生司的帮助下，学校争取到国家计委社会司的支持，同意增加免试推荐研究生的指标，全力支持清华的改革。国家计委"雪中送炭"解了清华的燃眉之急，改革之旅进入了快车道。

2010年4月，王大中在1995、1996级同期毕业10周年返校活动上讲话。

经过随后几年的齐心协力，到1999年秋季学期，实行统筹培养的研究生比例总计达到当年本科招生规模的73%，工科人才培养本硕衔接的主流模式开始形成，课程体系、教学内容和训练方式也发生了深刻变化。这场清华校史上力度空前的教育改革从1995年启动，1996年实施，到2000年历经四届试点，基本上奠定了研究型大学人才培养的新格局。

在2010年4月底清华99周年校庆日，已经卸任校长多年的王大中应邀参加了1995、1996级两个年级毕业10周年返校活动。1995年入学的学生中有最后一批5年制的本科生，他们与1996年入学的本科生在2000年同期毕业。1995级校友表示，虽然没有赶上享受改革的成果，但亲历这场改革过程，是一生中一次宝贵的经历，以后的师弟师妹们是这场改革的最大受益者，为他们高兴，他们应该记住，在王校长时期，清华老师们为了学生曾经付出多少心血。

2010年,王大中(右三)、党委副书记史宗恺(右一)和毕业10周年的年轻校友合影。

## 二、面向 21 世纪的教育思想大讨论

清华的教育改革,核心问题是要回答清华在 21 世纪要培养什么样的人、如何培养的问题。改革的每一步都有许多重点和难点问题亟待解决,更伴随着不同教育思想和观念的冲撞。

清华许多老一代教师对"工程师摇篮"有着近乎执着的情感。王大中从大家的议论中意识到,如何确立学校新的人才培养目标已刻不容缓。清华要建设综合性大学,不可能再以"红色工程师"概括全校的培养目标;如何体现素质教育的实质,注重学生个性发展,如何在本科教育中培育创新意识,加强实践能力训练,在研究生特别是博士生培养阶段发挥学生的创造性,都需要转变传统的思维定势和教育理念。

1997 年初,学校领导班子在寒假务虚会上决定,在全校开展一场教育思想大讨论。

### 规模广泛的毕业生调查

作为全校教育思想大讨论的前期准备，学校在 1997 年上半年组织了大规模的毕业生调查，向 200 多家用人单位发出调查问卷，调查对象为 1981 年以来的清华毕业生；同时，直接向校友发放问卷 2400 多份，收回 1600 多份。学校领导还分头带队赴全国各地，走访了 34 家重点用人单位的负责人，访谈了 300 多名校友。

调查资料汇总情况表明，反映清华毕业生的"总体表现"和"业务水平"优势明显的单位约占三分之二；认为清华毕业生在"思想道德""敬业精神""团结协作"方面较好的单位超过一半；认为清华毕业生"组织管理能力"较强的用人单位接近一半；认为清华毕业生和其他高校相比差不多的单位约占三分之一。

而存在的主要问题有，部分清华毕业生缺乏"平常心"，在一些国企流失率较高；部分毕业生个体能力出色，但合作能力见拙。不少高新技术企业认为，清华学生的基础理论和专业知识需进一步加强，部分学生开拓创新能力和解决实际问题的能力不强。不少用人单位认为，清华学生的人文、经管等知识和综合素质亟待加强。大多数用人单位强烈表示，希望清华注重培养"能发挥骨干作用的人才"和"全面素质较好的复合型人才"，这也是促使清华重新审视人才培养目标和要求的重要社会反馈意见。

调查结果在全校干部师生中引起了强烈反响，为深入开展教育思想大讨论发挥了广泛的动员作用。

### 教育思想大讨论牵动人心

1997 年秋季学期，教育思想大讨论在全校干部和师生中展开。学校确定以"人才培养怎样才能适应快速转型中的社会需要"为主题，重点讨论清华面向 21 世纪的人才培养目标和要求。

这场教育思想大讨论，关系到清华面向未来的人才培养大计，各个专题又都来自近年来全校干部和师生亲历的教育改革实践。因此，干部、教师和学生的关注度、发动的广泛程度和参与讨论的积极性之高,都是以往少有的。

各单位反映,干部和教师参加讨论的到会率高,发言质量高。电子系前后三任系主任和骨干教师一起,讨论电子科技的发展趋势对人才综合素质的要求。

全校研究生和本科生积极参与的程度超出预想,学生工作系统以"世纪的呼唤"为主题组织了全校学生的素质教育大讨论。学校和各院系先后组织了10多场领导、教师和学生共同参与的互动讨论,气氛热烈。

### 确立"高素质、高层次、多样化、创造性"人才培养目标

在此期间,王大中多次参加各个院系的讨论,同时要求加强学校的教育研究力量。他集思广益,反复思考和总结,把清华面向21世纪的人才培养总体目标概括为培养"高素质、高层次、多样化、创造性"的优秀人才。

校领导班子讨论认为,这个提法符合党和国家的教育方针,既继承了清华办学的优良传统,又体现了时代要求,适应建设"综合性、研究型、开放式"世界一流大学的战略转型需要。

在教育思想大讨论的总结中,王大中具体诠释了清华新时期的人才培养总体目标和要求。他指出,"高素质"主要体现在培养学生具有正确的政治方向,献身社会、报效国家与民族的理想和道德,坚实的科学基础和较高的文化素养,崇尚务实而又富于创新的实践能力、开拓能力以及强健的身心素质;"高层次"既体现在培养学生具有较高的学历学位层次,又体现在培养学生具备承担更多的学术责任和社会责任方面;"多样化"既代表综合性大学在各个学科方向的人才多样性,同时也体现复合型人才对经济社会发展变化的适应性;"创造性"更表示清华建设世界一流大学的国家和民族使命应该体现在本科教育和研究生培养的各个阶段,是清华人才质量观的重要标志。

清华历时一年的教育思想大讨论，始终同推进教育改革的实践紧密结合，对促进教育改革和创新产生了连续的"能量释放"效应。

**教育改革全面展开**

思想是行动的先导。伴随教育思想大讨论的深入开展，各项教育教学改革举措也接连推出。

培养方案修订取得重大突破。与5年制本科教学计划相比，在新的培养方案中，本科教育的公共基础课程得到加强，科学、人文等基础和通识教育课程门数和教学时数不减反增，约占本科学分总数的25%。课程体系结构更加适应时代需求，使得本科基础学科的知识面进一步拓宽。同时拓宽了专业培养口径，按照学科大类构建新的学科基础课程，这在国内高校尚属首次。

实践训练和素质教育得到有力推动。清华借鉴美国麻省理工学院等名校的做法，从1996年开始实施大学生科研训练计划（Student Research Training Program，SRT）和团队项目设计等实践训练。在全校教育思想大讨论中，实施SRT计划的成功经验得到推广，各院系的教授纷纷设立SRT项目，吸引优秀学生，迅速形成全校"热门"，从工科扩展到数理、人文和社会学科，参加的学生从几十人发展到后来的每年上千人。1998年，由张再兴牵头，学校推出"学生素质拓展计划"，作为"985工程"一期重点项目，从学生思想政治和道德教育、党团建设、社会实践、心理辅导、综合素质测评到毕业生创业、就业指导等予以全面支持。该项目取得显著成效，2000年和2001年先后荣获北京市和国家教学成果一等奖。

试点基础学科综合实验班。根据理学院副院长熊家炯等教授的建议，在教育思想大讨论期间，教务处和理学院共同形成"基础学科综合实验班"试点草案，并于1998年秋季学期开始实施。实验班面向全校选拔学生，广聘校内外名师授课，很受学生欢迎。目前，基础学科实验班已举办 10 多年，学科门类进一步扩大，每届实验班都有拔尖学生涌现出来。例如，1998 级的曾蓓在一年内就与导师合作完成 5 篇论文，其中 4 篇在国际顶尖学术期刊发表。又如，1998 级的翟荟、1999 级的祁晓亮现已分别是国际上冷原子研究和拓扑绝缘体研究领域最活跃的学者之一。

清华的人才培养和教育改革，特别是全校教育思想大讨论形成的教育改革和创新势头始终受到国内高校和媒体的密切关注。在教育部推动下，教育思想讨论在全国高校悄然兴起，对推动我国高等教育改革、提高教育质量和办学效益产生了积极的促进作用。

2000 年 4 月 30 日，校长王大中和党委书记贺美英、常务副校长梁尤能、纪委书记叶宏开、副校长岑章志、副校长龚克、副校长何建坤参观第 18 届"挑战杯"（机器人爬楼梯比赛）。

## 三、构建研究型大学的人才培养体系

1999 年秋季学期，清华研究生入学人数首次超过本科生入学人数，并从此形成不可逆转的人才培养基本格局。各种数据表明，清华将以综合性大学的学科布局、研究型大学的人才培养体系和科技创新体系、开放式的办学格局跨入 21 世纪，迎接建校 90 周年。

### 把握世界高等教育改革和发展趋势

2000 年初召开的校领导班子务虚会，决定于 2000 年下半年召开第 21 次全校教育工作讨论会，把建设研究型大学的本科教育和研究生培养体系作为今后一个时期学校教育改革与发展的中心议题。

为了学习借鉴世界一流大学的成功经验，探索一条适合中国国情兼有清华特色的研究型大学办学道路，王大中和学校领导班子决定在第 21 次教育工作讨论会之前开展广泛调研，派出两个团组重点考察美国的 10 所大学。校长助理、研究生院院长顾秉林率团考察东部的麻省理工学院、哈佛、普林斯顿、哥伦比亚和密歇根大学，教务长吴敏生率团考察西部的南加州、加州理工、加州大学洛杉矶分校、伯克利分校和斯坦福大学。同时，其他校领导分别带队走访了哈工大、中科大、上交大、复旦、同济和浙大等"985"高校，了解和学习国内兄弟院校教育改革的动态和经验。

这次教育工作讨论会自 2000 年 11 月开幕，到 2001 年 12 月闭幕。会议把确立研究型大学的办学理念作为全校转变传统教育思想和教育观念的主要任务，为制定清华 21 世纪初期教育改革和发展纲要奠定了思想基础。

### 关于研究型大学人才培养和教育的主要特征

在第 21 次教育工作讨论会闭幕式上，王大中作了题为"构建研究型大学的人才培养和教学体系"的总结发言，概括了清华构建研究型大学人才培养体系应具备的 5 个主要特征。

一是坚持教学与研究相结合,形成以探索和研究为基础的教学和实践训练体系,培养学生的知识、能力、素质的全面发展,努力造就敢于冒尖的杰出人才。

二是坚持本科教育和研究生培养的有机结合,把重视本科教育作为构建研究型大学人才培养体系的重要特色。在本科阶段,要注重加强通识教育来改善学生的知识结构和适应能力,为学生个性发展创造宽松环境。在研究生阶段,加强研究能力和创新意识培养,要发挥研究生参与教学、科研等助理工作的积极性主动性,培养职业素质和创新能力。

三是坚持利用学科结构的综合优势,建立有助于综合素质培养和交叉学科发展的人才培养环境和培养机制。

四是建立学术水平和教学水平兼备的教师聘任机制。要把承担教学工作作为教师的首位职责,建立相应激励机制,促使学术造诣高的学者从事教学特别是本科基础课程教学。

五是重视建立教与学的互动关系,加强师生之间的情感沟通,成为研究型大学人才培养和教学的重要方式,成为大学文化的显著特色。

这次教育工作讨论会把加强学生素质教育,加强学风建设列为当前和今后教育改革和发展的基本任务,不但是为了解决教育改革过程中出现的局部问题,而且对构建研究型大学人才培养体系意义重大。

校长王大中(左一)、党委书记贺美英(左二)、常务副校长何建坤(左三)在第 21 次教育工作讨论会上颁奖。

### 制定清华"十五"教育改革和发展实施纲要

为了加速构建研究型大学人才培养和教育教学体系，第21次教育工作讨论会把推进本科和研究生的课程体系、教学内容和教学方法的改革作为重点专题。学校对1400多门本科课程和1200多门研究生课程进行了分门别类的比较研究。对专业课的抽样调查表明，课程存在的问题主要是内容重复和陈旧、学科知识的综合度低、交叉学科课程资源薄弱、实践训练方式陈旧等。

为此，学校和各院系对本科和研究生的课程结构加大调整力度。根据"通识教育基础上的宽口径专业教育"原则，拓宽通识教育的学科覆盖面，兼容科学、技术、工程、经济、文化、艺术、道德、环境、社会发展等诸方面；在扩展的必修课程模块中设立选修机制，以利于学生的个性化选择；学校重点面向通识教育和学科平台课程建设，统筹制定本科和研究生的"百门精品课程"建设规划，把课程讲授、课堂讨论、作业、实践训练、考核和教材建设作为提高教学质量的六个主要环节；继续扩大SRT计划覆盖面，引入综合性较强的项目训练。在教学管理体制方面，本科课程总学分数由170压缩到140，同时进一步扩大了学生选择专业的机会。

为了在21世纪初期继续深化人才培养和教育改革，学校决定抓紧制定《清华大学2001—2005年教育改革和发展实施纲要》。文件起草和讨论几经上下，历时两年多，集中了教育工作讨论会的集体智慧。最后形成的文件分为10个部分共40条（简称"40条"），确定了"以高质量本科教育为基础，以提高研究生创新能力上水平，以高层次继续教育增活力"的人才培养大格局。突出"以内涵提升为主"的教育改革与发展主旨，稳定本科规模，重在提高教育质量；适度扩大研究生培养规模，重在提高创新能力。纲要把研究型大学本科教育和研究生培养的主要原则具体化，具有较强的可操作性。

## 四、大力提高博士研究生创新能力

在与世界一流大学日益扩大的交往中,王大中深切感到,构建研究型大学人才培养体系,研究生教育特别是博士研究生的培养水平具有重要的标志性意义。

他很认同一种说法:随机抽取 10 本博士论文,就能看出一所大学的学术前沿性、创造性和管理水平。他注意到杨振宁先生多次提到"中国的本科教育世界一流",但对我国博士生培养的评价并不高。学校内外对清华也有"一流的本科,二流的硕士,三流的博士"之评说。这些都说明博士生培养存在明显的"短板",而"短板效应"是对清华构建研究型大学人才培养体系的重大制约。

### 分析差距,对症下药

上任以后,王大中一直把研究生培养作为重要专题,把提高博士研究生的创新能力作为重中之重。他通过和世界著名研究型大学的比较研究,归纳出三个方面的主要差距。

一是对博士研究生必须坚持原创性研究的要求不到位。他多次提到,世界名校的教授对博士生的选题非常看重,要求挑选重要领域的前沿性问题作研究。而由于我国经济社会发展程度和科技水平所限,大部分导师的研究都不在世界学术前沿,自然就制约了博士生的学术眼界。

二是陈旧的教育理念和文化陋习对开创性研究的束缚。大学教育在学术上缺少独立思考和批判性思维,盲从权威之风普遍,对激发研究生创新意识造成严重的消极影响。

三是博士研究生培养缺少必要激励机制,导致学习与研究的内在动力不足,缺少强烈的求知欲和勇于探索的精神。

为了针对问题寻求突破。常务副校长兼研究生院院长梁尤能以战国时期李冰父子兴建都江堰为例,强调要抓几个关键"穴位"。他说,李冰父子抓住了鱼嘴分水堤、飞沙堰溢洪道、宝瓶口节流闸三个主要"穴位",就抓住了整个都江堰工程的关键。提高博士研究生培养水平需要长期艰苦的努力,必须有几个重要的抓手,比如,选拔优秀生源,提高导师队伍水平,加强学术氛围建设,引入学术公平竞争机制,对博士研究生论文实行校外同行隐名评审,等等。

梁尤能"对症下药"的见解得到王大中和领导班子的一致赞成。学校经过集思广益,很快拿出提高博士研究生培养水平的主要举措并付诸实施。

**改进选拔机制,开拓优秀生源**

清华在20世纪80年代就开始试点从本科生中选择少数拔尖学生,在完成本科教育之后以推荐免试方式进入研究生阶段,并和博士研究生培养衔接,取得一些成功的经验。

1995年,校长王大中(前排左四)、常务副校长梁尤能(前排左三)、副校长余寿文(前排右三)、原副校长倪维斗(前排左二)、中国科学院院士周炳琨(前排右二)、研究生院副院长林功实(前排右一)、过增元(前排左一)和优秀博士毕业生合影。

在 90 年代中期统筹本科教育和研究生培养的改革过程中,试点规模逐步扩大,取得推荐资格直接攻读博士研究生的数量约占同届本科毕业生的 15%。这部分学生先要经过研究生阶段的课程学习和科研能力考核,经过认定后才能成为博士研究生,达不到要求的则实行分流培养,淘汰率虽然不高,但也发挥了激励作用。同时,学校采取多种措施吸引其他高水平大学的优秀生源。这些措施,使清华博士研究生的生源质量始终处于国内高校前列,为提高博士生培养的总体水平打下了坚实基础。

### 激励和约束并重,加强导师队伍建设

博士研究生的培养水平很大程度上取决于导师的育人意识、学术视野和研究水平。随着博士生规模的扩大,教授指导的学生越来越多,一些不良倾向开始出现。少数导师经费不到位,精力不投入,却盲目争指标;有的导师热衷于"短、平、快"项目开发,低水平重复立项,甚至把研究生当劳动力,严重影响培养质量。

对此,学校强化了研究生培养管理体制,对重点建设学科和前沿学科的高水平导师保证必要的生源配置。同时,对招收博士研究生的基本条件加强审查,对条件不具备的导师取消招生资格;对新增博士研究生导师加强资格审查和上岗培训,保证导师队伍的基本素质。

为了倡导教书育人的良好风气,学校从 1998 年起每年坚持开展研究生"良师益友"评选活动,宣传和表彰在业务指导和教书育人两方面表现突出、深受学生爱戴的优秀导师。清华大多数导师的敬业精神、务实作风和严谨治学态度始终占据主流,产生潜移默化的影响力,给研究生们留下深刻印象。

### 首创"博士生论坛",活跃学术氛围

为了打破学术圈的陈旧观念和文化陋习,在王大中等学校领导的支

持下，清华在 2002 年开始设立博士生论坛。研究生院利用周末在延庆的北京市绿化基地三堡或昌平的"200 号"举办论坛活动，按照不同学科领域轮流设立论坛主题。

博士研究生唱主角，没有人事关系"羁绊"；同龄人各抒己见，易于形成学术争鸣；一个学科领域主题，不同学科参与，促进跨学科学术思想碰撞和交融。论坛成为激发博士研究生创新意识的重要平台，也吸引了许多导师参加。

清华的博士生论坛很快得到国务院学位办的关注和赞赏，继而在全国高校和研究机构中迅速推开。

**引入学术公平竞争机制，实行论文隐名评审**

对博士研究生的论文实行匿名评审，无论对研究生本人还是对指导教师，都是打破常规的新挑战。这种机制与国际学术界独立评判学术成果的原则接轨，打破了"人情关系"对学术公正性的阻碍，是提高博士研究生培养水平所迈出的重要一步。

实行新规之初，就有个别知名教授的学生过不了关。有位院士指导的博士学位论文送到一位同行评审专家手里，专家写了两万字评语，指出哪些必要材料没看，在哪里可以找到参考文献，逐一列出，有理有据，令人信服。事实证明，论文匿名评审促进了导师和研究生学术研究的自律，既保证了学术自由，又履行了学术责任，对规范学术行为、提高培养质量发挥了有力的促进作用。

经过全校上下的持续努力，清华的博士研究生培养水平不断提升，原创性研究不断取得突破。1999 年教育部开始组织全国优秀博士学位论文评选，到 2010 年 10 余年间，清华共产生了 91 篇全国优秀论文，数量居全国高校之首。这从一个方面反映出博士生创新能力的提高。

## 五、开拓研究生专业学位教育

随着产业经济和社会分工的高度专业化，研究生专业学位教育率先在美国等发达国家应运而生。依托工程硕士（EM）、工商管理硕士（MBA）、公共管理硕士（MPA）等专业学位教育，为制造业、商务管理和社会事务管理等部门培养具有高度专门化知识的职业人才，是美国式高等教育体制的一个特点。美国的大学本科注重通识教育，缺少专业训练，多数毕业生往往根据就业或创业需要，在经过一定的职业经历后选择研究生专业学位教育而成为专门化的职业人才。

### 牵头推进工程硕士培养

从 20 世纪 80 年代起，清华就开始探索工程类硕士的培养，以适应国民经济建设主战场对高层次专门化工程人才的需求。从 1988 到 1992 年，清华曾经和西安交通大学、北京钢铁学院（现北京科技大学）等 7 所高校试点培养工程类工学博士，代表了我国工程领域专业学位教育的早期探索。

作为核能工程专家出身的校长，王大中深知社会各行业对专门人才的迫切需求，因此高度重视工程硕士培养。1995 年全校第 20 次教学讨论会期间，学校邀请 20 多家大中型企业来校参加关于工程硕士研究生的培养研讨，王大中亲自和企业老总们座谈讨论。1996 年，清华招收首批 54 名工程硕士研究生，正式开始了工程硕士教育试点。1997 年 4 月，国务院学位委员会第 15 次会议审议通过了《工程硕士专业学位设置方案》，工程硕士专业学位正式设立，《方案》还附上清华等高校的培养方案，这是中国研究生专业学位教育走上正轨的重要里程碑。不久以后，全国工程硕士专业学位教育指导委员会成立，王大中受聘出任首届主任委员。

清华的工程硕士专业学位教育代表了建立在产学研紧密合作基础上的高层次工程人才培养新模式，体现了三个主要特点。

首先，顺应国家和企业急需。我国加入世界贸易组织（WTO），企业面临国际合作与竞争新局面，急需大批高层次专门化人才。当年参加我国加入WTO谈判的龙永图先生就多次对清华表达强烈的愿望，希望清华加快培养工程硕士以及项目管理专门人才。

其次，促进了校、企双方优势资源的整合，为专业化、复合型人才培养构建了深厚基础。清华在工程硕士教育中率先实行校企双导师制，把学校的理论教育优势和企业界的工程技术、工程管理等实践经验相结合，形成集成优势。同时，由于工程硕士按照工程领域培养，往往覆盖多个一级学科，学校根据实际需求组织不同院系的导师联合指导，有效拓展了复合型专门化人才的培养途径。

再次，工程硕士论文选题直接来源于工程实际，具有明确的工程背景和应用价值，可以是研究型、开发型、设计型或实验型等多种类型，充分体现工程多样性的要求。水利系有一位叫刘庆亮的工程硕士研究生，论文选题和长期从事的黄河治理相关，研究成果后来用于小浪底水利枢纽建设，为国家节省了3亿多元投资，被水利部授予"小浪底工程建设功臣"。这是清华工程硕士教育培养出的许多优秀人才的典型案例之一。

### "工程师摇篮"的新模式

随着清华统筹本科和研究生培养模式改革进展，工科研究生培养规模增幅较大。王大中敏感意识到，要避免盲目扩大学术型研究生比例，必须把工程硕士教育作为改革研究生培养模式的重要导向。

从1998年开始，清华和一批大中型国有企业联合设立"清华大学工程硕士培养工作站"，从校内取得免试推荐研究生资格的学生中选拔对象，在学校完成一年课程学习后，到企业进行一年课题研究，再回到学校完成学位论文。这是中国大学本科教育直接和工程硕士专业学位教育"接轨"的首次试点，尤其受到许多高科技企业的欢迎。

数年之间，清华陆续在大中型国企和国防军工企业建立了28个工程硕士培养工作站。每个工作站最初每年招收30人左右，后来发展到每年50~80人。学生毕业以后，约70%留在了设立工作站的企业。在某种意义上可以说，清华和企业界合作培养工程硕士的模式，象征着传统的"工程师摇篮"在新时期以一种新的模式焕发出新的活力。

清华等高校对我国工程硕士教育进行的不懈探索和实践，为我国高等工程教育的改革和发展发挥了重要作用。2005年，王大中和西安交通大学副校长张文修、上海交通大学副校长叶取源以及清华研究生院常务副院长陈皓明（当时还兼任全国工程硕士教育指导委员会秘书长）等共同完成的《工程硕士专业学位教育机制的创新与实践》荣获第五届国家级教学成果特等奖。

继工程硕士和工商管理等研究生专业学位教育之后，清华接连在公共管理、法律专业硕士等领域拓展研究生专业学位教育，为国家经济社会发展培养了一大批高层次专业人才，也为国家进一步深化研究生培养体制改革、发展职业型研究生教育发挥了先行和引领作用。

2005年，王大中和清华大学研究生院常务副院长陈皓明（中）在讨论工程硕士教育工作。

## 六、激发继续教育活力，发展现代远程教育

20世纪下半叶科技突飞猛进，知识经济蓬勃兴起，大学后继续教育在发达国家应运而生，教育向终身化发展趋势成为联合国教科文组织等国际机构以及各国政府的共识。

清华是国内最早开展继续教育的高校之一，1985年成立继续教育学院。到90年代中期，继续教育已初具规模，为企业和公共管理等部门培养了一批技术和管理骨干。

### 对继续教育的重新定位

随着清华建设世界一流大学的战略转型，对继续教育"收"还是"放"的问题在校内出现了不同看法。

一种意见认为，清华要建设世界一流大学，就应把精力和资源集中在本科和研究生教育，再搞教育培训既不利于清华提高人才培养品牌，又会造成教师和教室等教学资源的分散和矛盾。

另一种意见认为，教育培训是清华的社会服务责任和优良传统，为社会培养了许多实用性强的急需人才，不能丢了这个好传统。

1996年暑期干部会期间，两种意见的分歧摆在王大中和学校领导班子面前。

王大中和班子成员对国内外继续教育发展态势进行了反复认真的比较分析。他认为，中国这么一个幅员辽阔的发展中大国要实现现代化，提高全民族的科学文化素质是关键，上大学的人数毕竟有限，清华办好本科和研究生教育，系统培养高层次人才是主要责任；发展继续教育，为社会各行各业的人力资源开发和提升服务，也是对国家的贡献和责任，这是其一。

其二，国外很多一流大学的继续教育办得很好，经常面向社会提供免费培训或课程，成为大学社会服务功能的一种重要体现。相信我们国家也会朝这个方向发展。

其三，学校师资和教室等办学资源短期有矛盾，学校已经规划建设第六教学楼等基础设施，开源挖潜并重，加强师资调配，可以创造条件让学员在清华校园内学习，直接感受清华的文化氛围。

此外，要坚持继续教育的质量和效益双提升，既可打造清华继续教育品牌，又可增加学校收益，进一步改善办学条件。

学校领导班子对发展继续教育的总体思路取得共识，明确了继续教育应该作为清华建设世界一流大学人才培养体系的一部分。随后数年，王大中亲自主持调研，加强干部配置，改革管理和运行体制，并在国内高校率先建设远程教育系统，形成以非学历教育培训为主、以先进信息技术为支撑、具有清华特色的继续教育体系。

### 改革继续教育管理体制和运行机制

20世纪90年代末国内曾经出现过"教育产业化"的争论，尤其在教育培训层面，部分高校为了创收滥发文凭证书，造成不良社会影响。

为了引导清华的继续教育按照学校确定的目标健康发展，王大中先后主持召开了8次研讨会，明确清华继续教育的发展方向，并针对各个院系教育培训活动中存在的问题，对继续教育的管理体制、运行机制和办学方针展开深入研讨，推出一系列既鼓励发展又规范运作的举措。

一是实行"管办分离"的管理体制改革。1985年清华继续教育学院成立后，既是管理全校继续教育的行政部门，又是组织培训的运行机构，无异于既是"裁判员"又是"运动员"，这种双重身份容易形成"利益关联",监管缺失,不利于继续教育的健康发展。经过专题研讨,学校领导班子做出继续教育管理体制改革决定。继续教育学院成为独立的办学实体,按照社会人力资源提升需求运作和发展;同时,学校设立教育培训管理处,行使全校教育培训的行政管理职能。在管理体制上把"运动员"和"裁判员"分开,对继续教育的健康发展发挥了制度保证作用。

二是规范继续教育办学层次。随着研究生规模的逐步扩大,为了维护学校长期形成的本科教育和研究生培养声誉,学校决定继续教育实行"不办学历教育"的方针,先后取消了大学专科到同等学力申请学位的办学层次,引导继续教育通过整合优质教育资源,重点面向经济社会发展重要行业和部门,为骨干人才急需的大学后"充电"服务,办出清华继续教育的特色品牌。

三是确立继续教育办学方针。继续教育作为建立公民终身教育体系的重要依托,在社会的不同层面都存在不同的需求。名校举办教育培训,既有服务社会的良好机遇,也有潜在的各种矛盾和风险。王大中和学校领导班子对继续教育的办学方针确定了几个"规矩",概括起来,就是"两不三为主"。"两不"是指不损坏学校声誉,不挤占学校资源;"三为主"指的是"以在职人员的培训为主,以非学历学位教育为主,以远程教育为主"。实践证明,清华的继续教育不发文凭,在社会上照样具有较强的吸引力和竞争力。

清华对继续教育确立的办学方针得到教育部的肯定,对规范我国高等教育体系的总体结构发挥了先行和引领作用。自20世纪90年代末以来,清华的继续教育始终保持"改革力度大、社会贡献大、对学校回报大"等特点,形成可持续发展的良好局面。

### 建设我国高校首家现代远程教育系统

建设现代远程教育系统，无论对清华的继续教育，还是对中国大学的现代教育技术发展，又是一个里程碑事件。

1994年10月，王大中访美时了解到美国国家技术大学（NTU）[①]发展远程教育的情况，敏感地意识到这将成为世界教育发展的一个新趋势。他由此想到，我国这样的发展中国家，幅员辽阔，区域发展很不平衡，发展现代远程教育无疑是推进广大城乡地区尤其是贫困地区教育发展的有效途径，清华在这方面应该有所作为。

于是，学校决定探索建设现代远程教育系统，并由副校长杨家庆主抓。杨家庆组织专家进行论证，提出了很多方案。1996年初，王大中派副校长关志成带队赴美实地考察，加深了对远程教育的了解和认识。后经各方专家进一步论证，学校确定了建设卫星双向交互和网络相结合的远程教育系统技术路线。

当时，在国内率先建设现代远程教育系统，确实有点超常规。建设项目又不是国家下达的任务，注定要历经各种坎坷。

首先面临的就是经费筹措。仅是租用卫星通道和购买传输设备，概算需要人民币1200万元。发展远程教育是公益事业，没有国家财政支持，就只能争取社会赞助。杨家庆等拜访了香港著名实业家曹光彪先生，当曹先生得知远程教育十分有利于继续教育发展和西部扶贫后，没提任何要求，就承诺向清华捐款150万美元。为了配合订货和安装设备，他二话不说，三天之内就使资金全部到位。曹先生的雪中送炭和随后多次慷慨支持，为清华建设现代远程教育系统搬开了第一座大山。

接下来便是办理有关部门的审批。租借卫星频道涉及国家安全，管理非常严格，必须得到北京市和国家两级无线电管理委员会的许可证才

---

[①] 现为美国沃尔登大学（Walden University）的一个学院。

能合法安装设备。尽管审批过程复杂，但经过多方努力，两个许可证如期到位。

另一个困难主要是在教育行政管理体制方面。由于当时国家还没有相关政策，清华自行建设现代远程教育系统不被认可，建设工程被屡屡叫停，举步维艰。但王大中、杨家

1998年9月18日，王大中和曹光彪先生（右）共同为曹光彪演播制作中心揭牌。

庆等校领导抱定"开弓没有回头箭"的决心，继续推进清华的远程教育系统建设。1997年9月23日，清华远程教育中心正式向各地接收站播发首批节目，标志中国大学第一家具有实时交互功能的远程教育系统正式开通运行。

让王大中和他的同事们难以忘怀的是，当年11月20日，中共中央政治局常委、国务院副总理李岚清在国家教委党组书记陈至立陪同下视察了清华远程教育中心。在观看系统运行之后，李岚清对清华的远程教育试点给予充分肯定。

1998年12月，实施"现代远程教育工程"被列入教育部《面向21世纪教育振兴行动计划》。1999年3月，教育部批准4所大学为第一批现代远程教育试点单位，清华是其中唯一可以面向全国、不受地区和行业限制开展远程教育的高校。此后，由清华大学集聚的优质教育资源通过现代远程教育系统，源源不断地向全国城乡特别是中西部广大贫困地区输送，使当地的干部、技术人员和师生不出门就能够接受高质量的教育培训。

在此基础上，2003年清华正式启动"远程教育扶贫"项目。到2013年底，清华已在全国27个省区市的1088个县级教育机构、2520个乡镇中小学建立了远程教学站，覆盖541个国家级贫困县，每年提供的远程及面授课程超过3000学时，累计培训近176万人次。这样的受益面在世界上也绝无仅有，得到联合国教科文组织等机构的高度评价。

清华大学的继续教育由于正确定位，建立合理的管理体制和运行机制，依托先进的技术手段，成为学校人才培养大格局中富有活力的新舞台。从2002年学校教育培训管理体制改革以来，仅继续教育学院就累计培训了70余万人次。清华的继续教育以贡献和质量塑造品牌，取得显著的社会效益和经济效益。

《孟子·尽心上》云："得天下英才而教育之，三乐也。"王大中热爱教育，热爱学生，在校长岗位上始终把培养优秀人才作为第一要务，殚精竭虑，不遗余力。在卸任以后，他仍然十分关心青年学生的成长成才，只要是学生活动邀请，他都尽可能参加。

2013年底的一天，王大中院士应学校研究生会之邀，做客"学术人生"讲坛，与新一代清华学子分享学术人生和办学治校感悟。这时，虽然王大中已离开学校领导岗位十年之久，但是同学们对于老校长的敬佩和爱戴之情依然不减，他们将论坛主题定为"大道致远，笃行其中"。论坛现场爆满，很多学生站着听完整个报告。结束时，研究生同学们把事先根据王大中的教育和学术建树精心创作的漫画长卷，赠送给老校长。王大中又一次深受感动，他更从一张张朝气蓬勃的脸庞上看到了国家的希望、民族的未来。

2013年12月，王大中参加"学术人生"讲坛，手持教棒、现场讲解。

2013年12月，校研究生会学生代表向王大中赠送礼物。

# 第五章

The Fifth Chapter

队伍建设是强校之本

# 队伍建设是强校之本

> "没有大师就没有大学,没有名师就没有名校。在各种办学资源中,教师始终是第一位的要素。"

提起世界一流大学,人们自然就会想到名师荟萃的学术殿堂。中国现代高等教育起步较晚,大学的崛起和名师执教同样具有很高的关联度,这就是梅贻琦先生概括的"大师之谓"。在梅贻琦校长执掌清华的17年间,尽管国难当头,西南结庐,但清华广延名师,人才济济,与北大、南开一起创造了教育史上堪称奇迹的成就。解放初期院系调整后,清华"元气大伤",蒋南翔校长团结和依靠以"一百零八将"为代表的学术骨干,同时结合学科布局调整,提出"两种人会师"[①]的队伍建设方略,占领人才高地,重新奠定了清华在中国大学中的领先地位。

## 一、唯一的出路是改革

清华要实现建设世界一流大学的长远奋斗目标,当时面临着很多困难和压力,最大的压力就是教师队伍无论质量还是结构都有明显的差距。面对问题和矛盾,王大中和学校领导班子深感教师队伍建设将是一个长期艰巨的任务,必须转变观念、改革体制、调整机制。也就是说,改革是唯一的出路。

---

① 1952年全国高校院系调整后,清华的教师主要由两部分人组成,一部分是教授、副教授等老教师,另一部分是讲师、助教等青年教师。老教师在业务上有较高成就,青年教师大多为新留校的党团员。针对新、老教师的不同特点,蒋南翔提出了"两种人会师",以建设又红又专的高水平教师队伍。

### 走出低谷的努力

在十年"文革"中,清华成为"重灾区",师资队伍状况陷入低谷。改革开放之后,清华历届领导班子为师资队伍的"灾后重建"做了大量卓有成效的工作。一是抓住先机,率先在高新科技领域持续选派优秀中青年骨干教师出国留学深造。二是组织在职培训,对以"新工人"为主体的青年教师组织在职学习、培训和提高。"新工人"特指1970年"革委会"为给清华教师队伍"掺沙子"而留校工作的800名1964、1965年入学的毕业生。这两项举措为清华培育了一大批中坚力量。三是"精简瘦身",整体改善教职员工队伍结构,不断提高教职工待遇。

到1993年,全校教职工总数从1978年的9389人精简到7913人,其中教师从3899人减至3370人,工人由3917人减至1848人。教授、副教授2097人,占教师总数的62.2%;具有研究生学历的占39.5%,教师队伍总体水平在国内高校中高居前列。然而与世界名校相比,差距自不待言。

1994年初王大中接任校长之后首次访美时,特别留意考察美国名校的师资结构和教学、科研等学术责任。清华老校友、国际应用数学大师林家翘先生对他提到,麻省理工学院在"二战"结束后接收大批复员军人来校学习并从中留下不少人任教,导致教师队伍整体水平明显下降,后来花了二三十年才消化掉。王大中深知,清华已经付不起这个代价,必须以"只争朝夕"的精神,探索一条符合国情而又独具清华特色的跨越式发展道路。

### 打破旧体制的僵局

经过履任前后的调研,王大中意识到,清华师资队伍和人事管理体制方面存在的主要问题可以用"一低两高三僵化"来概括。

"一低"就是具有博士学位的比例过低,仅占12.4%;"两高"就是年龄结构存在两个高峰段,一个是"文革"前毕业留校的54~60岁高峰段，另一个是"文革"后期留校的"新工人"（47、48岁）高峰段，而45岁以下的青年教师只占少数。教授大部分都在55岁以上，45岁以下的教授仅20多人，这种年龄结构意味着学术断层危机。

"三僵化"主要表现在三个方面：一是教研组体制僵化，全校200多个教研组，人员固化，有人比喻像一个个"小钢球"，研来磨去，不利于宽口径培养学生、也不利于促进学科交叉和组织重大项目攻关；二是人事管理制度僵化，人员基本只进不出，职称评定基本靠熬年头，缺少竞争活力；三是教师的工作范式僵化，教学和学术研究"分家"，特别是基础学科师资队伍基本上处于教学型状态，不利于人才培养和教学水平提升，不利于学校向研究型大学转型。加上教职员工待遇低，"吃大锅饭"现象普遍，难以吸引和留住一流人才。

王大中和学校领导班子十分清楚，建设高水平教师队伍是创建世界一流大学的重中之重。1994年秋季学期，校务会议通过了《关于深化人事制度改革的若干措施》，确立了师资队伍建设和人事制度改革的指导思想和实施步骤。经上级批准，富有全局意识和良好的专业背景而又足智多谋、办事果断的何建坤出任主管人事工作的副校长，由他协调相关部门，加快人事管理体制改革步伐。

随着"211工程"及"九五"规划制订，在王大中主持下，学校确立了以"一流、竞争、流动"为主导的人事制度改革三原则。"一流"代表建设世界一流教师队伍的基本目标。具体体现在学校"九五"规划的"2411"计划中，即到2000年争取拥有20名左右国际知名学术大师，40名左右两院院士，培养和引进100名左右优秀中青年学术带头人，重点保证1000名左右教学、科研和管理骨干的工作条件和生活待遇。"竞争"就是引入择优汰劣的选择机制，主动参与全球人才竞争，加大对优秀拔尖人才的吸引力。"流动"意味着打破"铁饭碗"，形成固定编制与流动人员相结合的人事管理体制，扩大博士后等流动编制，实行岗位聘任制，建立考核评价机制，促进人员合理流动。

由此开始，清华连续迈出三大步，推进人事制度改革和教师队伍建设。

### 第一步：实行人员分流

实施"一流、竞争、流动"三原则，人员分流是关键。根据办学功能的拓展，学校把人力资源划分为三大部分，一是从事教学和科研的功能主体，二是面向市场的校办产业功能主体，三是后勤保障体系（包括社区服务和各类附属单位）功能主体。按照三大功能主体，实行严格的人员分流和不同的管理体制。

到1998年初，从事教学、科研及管理等功能主体的人员为4300人，占全校教职人员的55%；校办产业、后勤保障以及附属单位等人员为3200人，占全校教职人员的45%。1998年下半年，通过校、院系机关的机构改革，压缩了20%以上的在编人员，师生比达到1:12。同时，校内各单位普遍实行聘任制，再次转岗分流5%~10%。

通过分流和缩编，使得从事教学、科研和学科建设等学术责任的功能主体保持精干阵容；以面向高科技产业为主的功能主体按照市场经济规律运作，实行企业化管理；清华后勤系统采取部分社会化的稳妥步骤，以确保教学、科研等正常运行，保证广大师生的工作和学习等条件建设不受市场化冲击。同时，对校办企业等经营性资产加强成本核算和运营管理，培育"造血"功能，逐步减轻学校财政性负担。

以功能需求导向的人员分流，促进了各项事业的蓬勃发展。更重要的是，保证履行学术责任的功能主体处于学校财政性资源的配置重点，为大幅度提高教师待遇，打造一流的师资队伍创造了条件。

### 第二步：构建研究型大学的教师责任岗位

清华向研究型大学转型，很大程度上体现为师资学术水准的提升及其工作范式的转变。

所谓教师工作范式是指大学教师在教学、科研和社会服务上投入的工作量关系。1995年王大中率团考察慕尼黑、斯图加特、亚琛和柏林工业大学等联邦德国高校时，了解到德国教授的工作范式大体上是4:4:2。

这种范式体现了教学和学术研究紧密结合的理念，对清华设立责任教授关键岗位具有一定的参考价值。

选择从教学第一线入手设立关键岗位聘任制，是王大中对清华师资队伍建设作出的又一个重要决策。其直接动因是实行学分制引发的，学校希望名教授登台上课，最大限度满足学生们的选课要求。然而，当时绝大多数博士生导师都是科研主力，主要讲研究生专业课，承担本科基础课教学的大部分教师属基础课教研组，长期从事教学，缺少高水平科研支撑。学校决定先从本科教学设岗入手，抓住了破解制约的"瓶颈"。

如何构建教学关键岗位，就成为能否体现大学转型意图的关键。教

1995年，王大中（前排左一）、方惠坚（前排右一）、梁尤能（后排左四）、杨家庆（后排右一）、黄圣伦（后排右二）、贺美英（后排左五）和学校近两年当选的中国工程院院士张光斗（后排左四）、金国藩（后排右四）、李恒德（前排右三）、钱易（后排左五）、吴澄（后排右三）、吴佑寿（前排左二）、朱永曛（后排左二）、韩英铎（后排左一）、龙驭球（前排右二）、关肇邺（后排左三）、吴良镛（前排右四）、顾夏生（前排左三）等合影。

务处、研究生院和人事处几经推敲，推出"关键岗位模式"，提出关键岗位的教师原则上既要胜任本科教学，又能开设研究生的学科前沿课程，打破了按照单门课程设岗的传统思路，体现了教学水平、学术水平兼备的岗位功能。

教务长吴敏生拜访了时任物理系主任的顾秉林教授，希望他开设研究生课程之外，还能主讲大学物理部分课程。顾秉林既是凝聚态物理的学术带头人，又是系主任，能主讲本科课程，示范意义不言而喻。顾秉林欣然带头上阵，在基础教学中引入学科前沿内容，深受学生欢迎。他不是示范一时，而是长期坚持，直到接替王大中担任清华校长之后还给本科生上课。

学校确定教学关键岗位应以课程和实践教学为主要任务，取消以学时定课酬的旧办法。主讲教授岗位津贴月均 1000 元，骨干讲员月津贴 600 元，远高于其他教授 180 元的月均津贴，有效调动了广大教师承担本科教学的积极性。这样不但为统筹本科和研究生培养、推进教学改革扫清了体制性障碍，而且对于打破平均主义、形成研究型大学的教师工作范式发挥了重要作用。

在此基础上，清华从国情和自身实际出发，进一步深化教师管理体制改革。根据提高教学质量和科技创新水平的需要，2002 年 9 月学校通过了《关于完善教师职务聘任的实施办法》，把教师队伍划分为教学兼科研、专职教学和专职科研三个职务系列，并分别确定了岗位职责和任职条件。2004 年上半年，首批教研系列的聘任工作启动，118 位教授上岗，一批两院院士、长江学者和半数以上的国家杰出青年基金获得者进入该系列。

至此，一个新的长效机制在清华发端，在办学理念、学术水准和教师工作范式等方面体现了国际上研究型大学的特征，在管理模式等方面又有清华特色。

### 第三步：促进公平竞争与合理流动的常态化

为了构建高水平研究型大学的师资队伍，王大中多次强调必须坚决把住两个关口,一个是教师的专业技术职务晋升关口,一个是进人关口,并制定了把关的主要举措。

20世纪90年代中期,全校共有近1400名副教授、副研究员,大多为"文革"前毕业的老教师,许多人已青丝染霜,把最后的希望寄托在晋升教授上,这是可以理解的。而支持与促进优秀青年教师后来居上,又是事业发展的需要。如何"取度",成为专业技术职务晋升把关的关键。

没有差异性就会缺乏公平性,是处理历史和现实关系中常见的现象。王大中和领导班子经过认真研究,提出职务晋升采取"老人老办法,新人新办法"。"老办法"是学校80年代推出的"即退"政策,对接近退休年龄的副教授提供一次申请正高的机会,名额单列,无论晋升与否,都到60岁退休。

"新办法"主要用于中青年骨干教师的"破格晋升"。学校一方面将破格晋升正高的年龄从原来的50岁降为45岁,一方面提高破格"门槛",重新制定了申报高级教职的必备条件,对教学和学术水平提出更高的标准,引入公平竞争机制,促进了优秀人才脱颖而出。1993年,全校40岁以下年轻教授仅16人,1998年增至109人,2002年达171人,占正高总数的17%,这一态势标志清华教授队伍的年龄结构逐步趋于合理。

随着学校的快速发展和办学条件的改善,无论是海外留学归国还是本校培养的博士生,越来越多的优秀人才都想到清华谋求教职。学校领导班子清醒地认识到,这固然是事业兴旺的好现象,但稍一不慎,又会造成新的结构性矛盾。于是,学校又采取了"非升即走"和"非升即转"的进人把关举措。

这一举措的要点是,依托学校在90年代中期组建的人才交流中心作为进人的"缓冲平台",并建立流转机制。新进校教职人员在规定年限内达不到提升高一级教职要求的,就必须流转,或转向非教师的岗位,或向校外流动。1999年，学校实行有期限与长期聘用相结合的聘用制度，把"非升即走、非升即转"落实到聘用合同条款中。对新聘人员，规定初级教职最多2个聘期、中级教职最多3个聘期，任期内如不能晋升，就不再续聘。副教授以上经过1~2个聘期，才可以取得长期聘任资格。2002年，全校45岁以下的教师有60%处于有限期聘任状态，他们约占教师总数的40%。

推行聘任合同制的关键是严格考核制度。只有聘期内考核优秀者才能取得晋升高一级教职的资格，而各个单位考核排序末位者，原则上合同期满随之解聘。实行聘任合同制有利于教职人员合理流动的常态化。据统计，1993—2002年的10年中，流转离校的主要是初、中级教职人员，约占教职人员总数的5.7%。而1998—2002年的5年间，流转离校的教职人员约占同期签约人数的10.8%。至此，清华履行学术责任教师的主体均为取得长期聘任资格的高级教职人员。

实践表明，适度的合理流动是公平竞争的伴生现象，也是保持师资队伍机体活力的需要。

## 二、改善教师待遇的关键步骤

据考，"水木清华"出自东晋诗人谢叔源《游西池》中的"水木湛清华"。按照中国古代哲学的五行生克关系，水旺则木盛，自有参天大树造就栋梁之才；水者，金之所生。清华初创，独拥"庚款余额"，好比金足水旺，引大师，建大楼，青年才俊慕名而来。虽然只是理喻，倒也符合办学规律。

1994年的清华，教职工月均工资仅300多元，教授月均收入不足千元，更遑论青年教师待遇。许多拔尖人才，一选出国，二选外企，清华只能望"洋"兴叹。"科教兴国，谁兴科教？"这是水利泰斗、两院院士张光斗先生90年代中期常常发出的诘问。

### 必须为教师队伍建设切出一块"大蛋糕"

为了稳定骨干教师,清华历届领导班子煞费苦心,努力实践"事业留人,待遇留人,感情留人"。

王大中上任之后,学校对1991年开始实行的校内津贴不断加以调整。然而,由于"囊中羞涩",总是"捉襟见肘"。王大中和班子成员既要谋划建设世界一流大学的宏伟蓝图,承担历史的重托,又要面对学校财力的巨大落差和知识分子的相对清贫,备受心理煎熬。

1998年底,国家批准实施"985工程"。清华、北大担纲建设世界一流大学,1999—2001年可以分别得到3、6、9亿元人民币的专项建设经费。

早在向教育部起草报告过程中,清华的领导班子就已经形成共识,重点保证学科建设"重头戏",同时要为大幅度提高骨干教师待遇切下一大块"蛋糕"。在1998年9月底召开的学校党政领导联席会上,王大中提出,关键是要对优秀人才,特别是帅才和将才有吸引力,重点保证千名左右教学、科研、管理骨干的待遇有较大幅度提高,对其他教职人员要按照责任层次,设立相应档次。

会议决定,按照3年3个亿的强度规划管理体制改革和队伍建设方案;坚持岗位津贴与岗位责任、岗位贡献挂钩;以责任教授和学科团队取代传统的课题组体制,体现人事管理体制改革的连续性。会议还决定,由主管人事工作的何建坤副校长牵头组成改革领导小组提出实施方案。

何建坤领衔的改革领导小组紧锣密鼓,很快于1999年初提出了新的实施草案。正是因为当时这块"蛋糕"之大乃建国以来前所未有,又只是清华、北大等少数高校才有动的条件,因此面临三个不定因素:首先,主管财政资源配置的领导部门特别是国家计委和财政部是否同意,二是国内非"985"高校乃至教育部会有什么样反应,三是学校内部津贴差距拉大能否取得大多数教职工的共识。这三种不定因素环环相扣,缺一个都动不得。

### "少说多做",连闯三关

面对非同寻常、高度敏感的利益格局和分配关系变动,校党委书记贺美英把"行胜于言"的清华传统风格发挥得恰到好处。她多次提醒改革领导小组和工作班子要"少说多做"、"只做不说"。

从1999年初提出草案到方案实施的10个多月中,清华领导核心精心谋划,专门班子细致操作,巧妙处理了当时鲜为人知的一些重要公共关系问题。主要包括清华和北大的密切协调,两校和南京大学、上海交通大学等"985"高校的协商,以及两校和国家计委、财政部、教育部的汇报沟通。整个运作过程连过三关。

第一关,取得财政部和国家计委的理解。按照国家专项经费的使用惯例,教师工资已经由国家支付,"985工程"经费必须主要用于学科建设的仪器装备购置。清华邀请财政部有关领导来校座谈,听取学校想法。

座谈中,何建坤代表学校着重说明两点。一是清华建设世界一流大学就是参与世界级竞争,尤其是高端人才的竞争。他列举国外和港台等地区著名大学的教授待遇以说明,清华计划改善学术骨干待遇,尽管和现状相比增幅较大,但与境外名校相比,只是把现存差距缩小一点。二是"985工程"的这部分经费学校将只专门用于骨干教师,属于建设一流师资队伍范畴,绝不是普遍加薪。改善校内包括离退休人员待遇,学校自筹经费解决。经过深入交流,取得了相关部门主管领导对清华的理解。类似这样的沟通逐步取得成效,为学校向教育部递交报告争取了重要的先决条件。

第二关,取得校内的共识和支持。王大中和贺美英多次强调,实施岗位津贴涉及广大教职工切身利益,若稍有疏忽,不但起不到激励作用,反而可能挫伤大家的积极性。学校在设计岗位津贴方案时,注意统筹考虑包括离退休人员在内的各类人员。"985工程"经费重点用于教师队伍,其他人员在"分流"的基础上由学校自筹经费解决。

工作班子和相关职能部门选择有代表性的院系多次模拟测算，王大中和贺美英全程听取汇报，发现问题及时修正。经过三次比较大的调整，最后形成的方案充分体现了"效率优先，兼顾公平"的原则，根据其中的量化标准，可以测算出每一位教师的岗位津贴。根据方案，每年岗位津贴最高与最低之间相差近17倍。

王大中最初有点担心，津贴差距拉大之后教职工是否能够承受，教代会能否顺利通过。为此，人事部门研究了1956年的国家工资制度，教授最高，助教和技工最低，二者基本工资差距非常之大。加之，在普遍提高教职工收入的情况下，虽然岗位津贴拉大差距，但是总体收入差距不太悬殊，容易被大多数教职工理解和接受。

在教代会召开之前，学校以半年多时间召开各类人员座谈会，开展多种形式的沟通，使绝大多数教职工对岗位聘任方案和津贴方案取得共识。在学校教职工代表大会表决时，参加投票的350名代表中，同意的有340人，同意率达97%。这是清华自解放以来教职工收入增幅最大的一次，也是增幅差距最大的一次，但改革进程有序平稳。何建坤后来谈到，由于工作深入细致，来找学校反映意见的人比任何一次职称评审之后都要少。

第三关，取得教育部"默许"。学校教代会之后，清华向教育部递交了实行岗位津贴请示报告，等待教育部批复后正式实施。9月下旬，出国访问中的王大中接到校内电话，得知还没有得到教育部批复，请他决定是否按照预定计划启动。王大中略加思考后回答，上级没有明确表示不同意，就意味着可以做。就这样，清华和北大按照预定计划同时在1999年10月启动了改革方案的实施。

继清华、北大之后，首批进入"985工程"的其他高校陆续跟进，在社会上产生了强烈反响。教育界、科技界同行很快意识到，清华、北大等高校的动作是党和政府落实科教兴国基本国策的具体体现。在此后数年间，全国各类公办高校和中、小学在各级政府支持下，以不同方式大幅度改善教师待遇，军事院校、国防科研乃至大多数事业单位也抓住机遇，使广大知识分子的待遇得到明显提高。

时隔 10 多年之后，再看当年教育部等上级领导对清华和北大带头推出这一改革方案的处置方式，显然是睿智之举。建设高水平师资队伍是振兴教育事业的关键，是落实科教兴国基本国策的必然，已经写进了国家教育振兴行动计划，没必要再审批；各地、各校情况差异性大，实行什么样的改革方案，资金如何筹措和分配等，是各地各级主管部门和各校自己的事，不需要教育部表态。而王大中对教育部默许的理解和把握也颇具悟性。正是上下级之间基于共同目标的事业心和责任感，才能产生"心照不宣"的信任和默契，形成冲破传统体制惰性的特殊行政作为方式。

## 三、多管齐下，激励青年教师脱颖而出

无论是老牌的世界级名校，还是快速崛起的高水平大学，大都采用两大举措，一是广延名师快速提升实力，二是吸引和培育出类拔萃的青年才俊，保持教师队伍长盛不衰。美国诸多名校有种举措，给每位新聘的青年教师提供一笔启动经费，做自己感兴趣的研究，这些教师通常以 5 年左右时间陆续"出道"，为学校争取到的研究经费远高于启动经费，一些富有创见的拔尖人才从中脱颖而出。

王大中上任伊始的 1994 年，学校在大力推进人事制度改革的同时，并行推出《关于加速跨世纪优秀青年学术骨干成长的若干措施》，确立了"培养与引进并重，以培养为基础"的原则，随后陆续出台一系列专项人才计划。以下列举的是面向校内青年教师培养的若干专项计划。

### 学术新人奖

"学术新人奖"于1995年设立,面向40周岁以下具有副高教职的青年教师。首届获奖者稍多,随后每年一般评选10名左右。每位获奖者获得学校提供的10万元人民币经费,其中1万元为奖金,是清华大学青年教师的最高学术奖。

实行8年之后,到2002年底,累计有84名青年教授、副教授获奖。其中,14人成为"长江学者"特聘教授,15人获得国家杰出青年基金,7人获教育部跨世纪人才和优秀青年教师奖。首批获得资助的16人中,康克军、汪劲松、袁驷三位既成为颇有知名度的学科带头人,又先后担任了清华大学副校长;江亿、王光谦分别当选为中国工程院和科学院院士。

入选"长江学者"特聘教授的汪劲松2009年出任电子科技大学校长,2012年起出任西北工业大学校长。他在回顾成长经历时多次提到,1995

1995年,校长王大中(前排左六)、常务副校长梁尤能(前排右五)、常务副校长杨家庆(前排左五)、党委副书记贺美英(前排右四)、党委副书记陈希(前排左三)、副校长何建坤(前排右二)、总会计师陶森(前排右三)与首批16位学术新人奖获得者合影。

年学术新人奖的 10 万元资助，对他开展 6 自由度机床研究发挥了重要的先导性作用。

### 青年教师教学优秀奖

继"学术新人奖"之后，1996 年，教务处、人事处认真听取部分老教师建议，联合发起设立"青年教师教学优秀奖"作为专项奖，表彰教学突出的青年教师，推动青年骨干教学队伍的建设。

1997 年，校务会议把"青年教师教学优秀奖"确定为校级奖励，每年评选 15 名左右，由学校颁发奖金和 2 万~5 万元的科研启动费，支持他们的学术发展。到 2002 年，累计近百人获奖，他们中大多数成为教学、学术骨干和学术带头人，涌现出李艳梅、孙宏斌等一批国家级教学名师奖获得者。

### 青年教师优秀群体奖

为了弘扬团队合作、协同攻关的清华优良传统，鼓励青年教师优秀群体的成长，1996 年学校利用社会捐赠设立了"青年教师优秀群体奖"。到 2001 年，共有 58 个优秀群体入选，在学科建设和重大科研项目的集成创新中发挥出色。从世纪之交国家自然科学基金委员会开始评选和资助创新研究群体以来，截至 2010 年，清华大学共涌现出基金委创新研究群体 11 个、教育部创新团队 14 个，足以证明学校对青年教师优秀群体的培育硕果累累。

### 骨干人才支持计划

随着学校可支配资源的增加，王大中和学校领导班子决定进一步扩大青年骨干教师的培养受益面。1998 年，学校决定设立"骨干人才支持计划"，根据各学科的特点和重点发展方向，对青年骨干教师提供 2 万~5 万元不等的资助，帮助他们取得独立研究的"立足点"。到 2002 年底，先后有 600 余名青年教师获得资助。

同时，学校分别资助一批年轻骨干到国外一流大学从事合作研究，或者教学研修，从中涌现了一大批学术新秀和教学骨干。

"近者悦，远者来"。学校为青年教师成长持续作出的努力，产生了很大的影响，吸引着更多海内外优秀青年学者选择到清华发挥自己的聪明才智。

### 青年教师学术沙龙

1994 年秋季学期，学校在相关文件中明确提出，要定期组织青年教师学术沙龙，鼓励两院院士、博士生导师参加，加强与青年学术骨干的交流，了解青年教师的学术兴趣和专长，发现和培育优秀拔尖人才。

经过一年多筹备，首次沙龙于 1996 年 5 月召开，来自各院系的 30 多位青年骨干教师参加。王大中校长亲临现场，说明沙龙宗旨，提出希望和要求。

随着沙龙组织方式不断改进，效果渐显。1994—2002 年 7 年间，共举行 43 次，平均每两个月一次。每次沙龙都有一个主题报告，不同学科轮番登场，形成多学科交汇的学术环境。每次沙龙都增进了原本陌生的青年教师的相互了解和熟悉，形成校内特有的"沙龙文化"，对促进年轻学术骨干开展跨学科研究，培育协同创新意识发挥了重要的桥梁和纽带作用。

1998 年 1 月 17 日的《人民日报》以"清华，有这样一个学术沙龙"为题，报道了青年学术沙龙的生动场景。

学校多管齐下对青年教师的培养取得了丰厚的"回报"。在王大中校长任上，从青年教师群体中产生了 59 位国家杰出青年基金获得者，42 位教育部跨世纪人才基金获得者，13 位教育部优秀青年教师奖获得者。自 1999 年教育部实施"长江学者奖励计划"到 2002 年底的 4 年间，清华 50 位入选的青年教师中，有 38 位全职特聘教授，其中的 26 位出自本校，12 位来自海内外名校。

青年教师是一所学校的未来。在千帆竞渡的当今世界名校中，谁拥有源源不断的青年教师优秀群体，谁就拥有后来居上的强大实力。

## 四、实施"百人计划"，壮大院士队伍

在加强青年教师培养的同时，王大中高度重视吸引优秀拔尖人才。他知道，引进人才涉及到有限资源的重新配置，会有阻力；某些学科，"武大郎开店"，不愿意高人进来。他多次强调"一流大学"和"一流人才"意识，同时，要求校内有关部门提高引进标准，加大支持力度。

### 百名人才引进计划

1998年，清华大学抓住国家启动"985工程"建设机遇，设立引进优秀拔尖人才专项经费。当教育部开始实施"长江学者奖励计划"时，清华随之推出"百名人才引进计划"（简称"百人计划"）。

实施该计划的主要目标是引进100名左右跨世纪优秀拔尖学术骨干，着重在战略高科技的新兴学科和前沿领域培育堪当重任的学科带头人。引进对象的学术水平要在该领域的国内外同行中名列前茅，具有良好的综合素质。要公开招聘，公平竞争，择优聘任，动态考核。学校对于入选者提供的经费支持不低于人民币200万元，解决住房并提供1万~3万元的安家费等等。

"百人计划"的实施，为推进清华学科布局的战略性调整提供了强有力的高端人才支撑。1998—2008年，"百人计划"累计入选98人，其中约70%来自海外，近四分之三先后获得国家和各部委人才奖励或资助，35人成为"长江学者"特聘教授，产生了4位中科院院士和1位工程院院士。

作为"百人计划"的补充，清华参照国外名校的高级访问学者制度，于1998年推出"百名高级访问学者"计划。到2009年底，累计有140位高级访问学者完成合作研究计划，其中80%来自海外名校。清华以这

种方式实行"智力引进",加强了和国内外同行特别是世界一流大学的学术交流合作。

### 院士队伍的结构性改善

众所周知,中国科学院院士和中国工程院院士是国家给予自然科学和工程技术领域优秀学者的最高荣誉。在设立院士制度的国家,一所大学拥有的院士人数相当程度上可以反映该校的学术地位和影响力。2002年,哈佛、斯坦福和麻省理工学院三校的院士占美国大学中院士总数的比例均超过7%。

自我国建立院士制度以来,清华就是国内院士最多的高校之一。但年轻院士少是普遍现象,也是历史遗留的"断层"。王大中接任清华校长时年近60,却是当时清华年轻的院士之一。他很清楚,清华院士群体不但年龄结构存在"断层",而且学科分布不均衡,基础学科和战略高科技学科亟待加强。为此他强调,清华虽然不必刻意追求院士的数量,但要有忧患意识,要继续加强优势学科综合实力,培育弱势学科后发优势,改善学术骨干队伍年龄结构和学缘关系,积极做好院士的引进、培养和推荐工作。

王大中关于院士队伍建设的战略意图,很快体现在人才引进和培养等各个方面。清华院士群体的结构性改善主要体现在三个方面。

首先,基于重塑学科结构的需要,清华在世纪交替之际抓住"985工程"建设的历史机遇,引进一批以两院院士为主体的学科领军人物,在基础和新兴学科的重点领域迅速提升了清华的学术地位和影响力。

其次,通过长期磨炼,厚积薄发,清华在"文革"前和"新工人"两个年龄段为主的教师群体中涌现出一批两院院士,成为清华事业发展继往开来的重要承托力量。

其三,清华教师的新生代得益于历届学校领导坚持"培养和引进并重,以培养为基础"的师资队伍建设方针。在王大中主政期间实施了人才强校多种举措,通过后任领导班子持续推进,清华的高层次人才资源更加雄厚,学缘结构日趋多元化,年轻学术骨干有更多的机遇崭露头角,跻身前台,挑起大梁。

基于上述原因,清华的院士阵容始终保持健康发展的良好势头。国家每次增选院士,都有清华教师入选。全校两院院士从1993年的16人,增加到2002年的48人,居全国高校首位。2003年清华有6位教师当选中科院院士,是自1992年以来新增院士最多的一次。更重要的是,清华院士群体的年龄、学科结构都更加合理,强校之本更加牢固。

### 大师归来的象征

"高山仰止,景行行止",《诗经》中这一脍炙人口的诗句表述了自古以来中国人对贤哲名师的景仰之心,对人间正道的追寻之志。古今中外的大学更是如此,名师对于大学甚至社会产生的影响力,不仅在于其渊博学识,还在于其挖掘、发现与诠释的学术和文化价值观弥足珍贵,传世久远。

世纪交替之际,两位享誉世界的清华老校友在旅居异国几十年之后,回到国内,定居清华园。一位是从小在清华园长大的杨振宁先生,诺贝尔物理学奖得主,美国科学院院士,中国科学院外籍院士。另一位是1937年毕业于清华物理系的林家翘先生,美国艺术和科学院院士,美国科学院院士,中国科学院外籍院士。

1997年6月,王大中和诺贝尔物理学奖得主杨振宁(右)在清华大学甲所前合影。

2001年11月23日,王大中为国际应用数学大师林家翘(左)颁发清华大学教授聘书。

与众多旅居海外的清华校友一样,这两位学术大师始终怀着爱国爱校的赤子情怀,关注着国家发展和母校建设。为了母校早日实现跻身世界一流大学的战略目标,他们在90年代中期就向王大中校长建议成立高等研究中心,在基础研究和战略高科技前沿领域抢占先机,培养优秀拔尖人才。清华建校90周年前后,在王大中校长等清华领导的再三热诚邀请下,杨振宁先生和林家翘先生分别于1999年和2001年接受邀请,回到母校担任全职教授并定居。

大师归来,是见证历史变迁的重要象征。当年离乡去国之时的民族危亡、山河破碎的一页早已翻过,迎接他们的,是民族复兴的历史大潮。他们的最大心愿,就是要亲自站在清华母校继往开来的航船上,参与和见证母校在新世纪的远航中搏击中流,重启新篇。

## 五、"清华版"的讲席教授制度

在通过"长江学者计划""百人计划"等方式引进优秀人才的同时,王大中感到,清华需要一批世界名校的教授来校工作,以带来世界一流大学的教育和管理理念,为一些学科奠定新的起点,也让更多清华师生直接参与跨文化交流,其意义远远超过单纯的学术交流。

要迈出这一步,现有的各种人才引进计划和学校提供的薪酬待遇等条件都不够用。王大中决心另辟蹊径,参照国际名校设立讲座教授或讲席教授（Chair Professor）的做法，借助社会捐赠设立讲席教授基金，引进国际一流大学的全职教授。经过多方筹备，《清华大学讲席教授试行条例》于2001年启动实施，随后在国际顶尖期刊《自然》（Nature）上发布了招聘广告。《条例》对清华讲席教授的聘任要求、责任、权利和义务作了详细说明，参照当时国外一流大学教授的薪酬标准，对讲席教授提供每年10万美元左右的经费支持。这是新中国成立以来大陆高校首次向全球招聘全职教授的尝试，引起海内外广泛关注。

然而，一个现实问题是，国外名校的全职教授一般不会辞去现职来清华任教，这也意味着照搬国外讲席教授模式在清华行不通。为此，王大中和他的同事们根据国情差异和清华的需要，进行讲席教授制度创新的尝试，既要达到设立讲席教授的预期目标，又要便于实际操作。经过反复探索和实践，形成了"清华版"讲席教授的两种运行模式。

### 跨国担任清华系主任的讲席教授

首位应聘担任清华讲席教授的是美国工程院院士、普渡大学教授加弗尔·萨文迪（Gavriel Salvendy）。2001年，当他从王大中校长手中接过讲席教授聘书时，还同时接过了清华大学工业工程系系主任的聘书。

萨文迪教授在工业工程领域享有很高的国际声誉。在出任清华工业工程系主任后，他很快就形成了在教育

2001年，王大中为美国工程院院士萨文迪（左）颁发清华大学工业工程系系主任聘书。

与研究方面的办系理念,提出了要建设世界一流的工业工程系的目标。同时,他还提出"世界工业工程学科排名前10%"的发展愿景。

萨文迪教授每年保证有两个月时间在清华工作,其余时间主要通过网络等方式指导工业工程系的工作,对学科建设、课程设置、研究生教育、学术研究直至教师培养等各方面,都逐项提出认真的指导意见和实施步骤。他亲自主持本科新生研讨课,先后指导了10多名博士和硕士研究生。难能可贵的是,他经常邀请全球著名学者来校授课和讲学,推动工业工程系和世界知名大学、企业开展高水平的合作研究。他每年都坚持向校长述职,汇报下一年度的工作。他的敬业精神和治学品格赢得同行敬佩。

在萨文迪的领导下,新建的清华工业工程系一路跃升,从2003年至今,在全国高校100多个工业工程专业评估中保持排名第一。2006年清华大学邀请国际工业工程领域的知名学者组成专家组,对清华工业工程系进行国际评估。评估报告认为,以美国近150所高校工业工程领域的教育研究水平为参照,清华大学工业工程系的本科、研究生教育分别达到全美前20名和前25名的水平。萨文迪教授因其富有成效的出色工作,2006年荣获中国政府授予来华外国专家的最高荣誉"中华人民共和国政府友谊奖"。2011年4月,由6位美国工程院院士和著名学者组成的专家组再次对工业工程系进行本科教育评估,认为其已经达到美国前10名的水平。

继萨文迪之后,2003年10月,清华建筑学院设立景观学系,聘请美国艺术与科学院院士、哈佛大学景观学系前系主任欧林·劳瑞(Laurie D. Olin)担任第一任系主任和讲席教授。

工业工程和园林景观都是清华新组建学科,聘请来自世界名校的讲席教授担任系主任,通过他们的办学理念、组织运筹和国际联系,依托清华自身资源,使这些新建学科在教学和研究等方面迅速接近世界水平,对于清华的学科建设,特别是新建学科如何培育后发优势,作出了示范性贡献。

### "全时等值"的讲席教授团组

所谓"全时等值"指的是,把一个讲席教授在清华承担的全职工作由几位同行教授或副教授分工承担,相当于以一个教授团组履行一个讲席教授的学术责任,团组成员分享相应的薪酬和其他权利。这是"清华版"讲席教授的另一种运作模式。

第一个讲席教授团组由美国工程院院士、哈佛大学讲座教授何毓琦领衔。2001年10月,由6位教授组成的何毓琦讲席教授团组来到清华自动化系,利用系统分析和信息技术,开展复杂网络结构分析、设计和运行研究。何毓琦教授和团组成员给清华师生带来的不仅是世界一流大学的研究热点,更重要的是开放式的学术环境,是鼓励学生独立思考、敢于质疑的学术风格,是指导研究生的高度责任心。何毓琦教授的办公室从来都向老师和同学们敞开,鼓励大家不拘一格进行学术讨论,热心传授自己的研究方法和为人准则,推荐优秀学生到团组成员所在大学进行联合培养……使清华年轻教师和研究生真切感受到世界一流大学教授的育人风范、治学风格和学术视野。

法国数学家讲席教授团组也很有特点。2003年2月,清华与巴黎第十一大学(南巴黎大学)签定成立"数论与代数几何"和"分形几何与几何测度论"两个讲席教授团组协议,分别由法国科学院院士方汀(Jean-Marc Fontaine)与特级教授皮埃尔(Jacques

2001年,王大中为美国工程院院士、哈佛大学讲座教授何毓琦(右)颁发清华大学讲席教授聘书。

Peyriere）作为团组的负责人，为清华研究生与高年级本科生开设学科前沿课程。2003年9月至2006年7月，巴黎十一大先后选派11位教授来清华数学系执教。通过讲席教授团组的纽带作用，清华和法国名校之间在多个学科领域的教育合作与学术交流更加活跃。

比较引人注目的还有姚期智讲席教授团组和施一公讲席教授团组。2002年，由图灵奖获得者、美国科学院院士、中国科学院外籍院士姚期智教授领衔，先后组织两届由理论计算机领域世界知名学者组成的讲席教授团组，参与清华的学术研究和人才培养。2003年，普林斯顿大学教授、世界华人生物学家协会主席施一公和杜克大学教授王小凡、副教授林海帆组成的讲席教授团组进入清华，在生命科学的人才引进、学生培养、学科规划、科研协作及指导青年教师等方面发挥了重要作用。

从推出"讲席教授计划"到王大中卸任校长的两年里，就有10个讲席教授团组共37位高水平教授和学者来清华工作。这些讲席教授团组的许多成员参与清华本科教学和研究生培养，他们的渊博学识和学术视野、风格各异的个性魅力，都给清华学生留下深刻印象。讲席教授的治学活动本身就代表了大学之间的一种跨文化比较，对清华的教学和科研如何跻身世界一流留下许多深层次思考。

"清华版"讲席教授制度开拓了世界名校教授来校服务的多种途径，为引进世界水平高层次人才搭建了新的平台。当时担任讲席教授或团组成员的姚期智、钱颖一、白重恩、李稻葵、施一公等学术大师或中青年领军人才，近年来相继回国，成为清华的全职教授。在党中央人才强国战略指引下，清华的教师队伍建设迎来新世纪第一个丰收期。

## 六、心里始终装着师生员工的利益

清华素有坚持群众路线，紧紧依靠全校师生员工办学办校的优良传统。学校不但重视教师队伍建设，大力引进和培养教学科研骨干，而且高度重视职工队伍建设，注意保障职工利益，不断提高管理和服务水平。

长期主政"200号"的经历，让王大中对老校长蒋南翔关于教师、职工"两个轮子"的辩证思想有着更透彻的理解，对于加强职工队伍建设、解决好涉及师生员工切身利益问题有着更深刻的认识。

### 统筹兼顾，保障职工权益

由于历史文化原因，中国大学基本上形成了完备的"社区"功能。学校领导不但需要致力于现代大学的功能发挥，处理改革发展的诸多矛盾，还要应对"上有老，下有小"的各种"当家"难题，发挥包括离退休人员在内的广大教职员工的积极性，为事业发展创造和谐稳定的校园环境。

在启动"985工程"建设时，王大中、贺美英等学校主要领导决定抓住机遇，以关键岗位设置推进校内教学、科研等管理体制改革，保证骨干教师队伍的岗位津贴有较大幅度的提高；同时，以校内自筹方式，使得包括离退休人员在内的广大职工的待遇得到相应改善。为了自筹资金，分管人事的常务副校长何建坤、分管财务的副校长岑章志和党委常务副书记陈希，常常联手协调相关部门和单位，保证校内自筹经费的落实，建立稳定的开源机制。

领导的关心换来的是人心。清华离退休队伍中，有在教书育人第一线毕生辛勤耕耘的老教师，有长期奋战在实践教学、工程技术、机关管理和后勤保障等各个岗位的老职工，还有在各个历史时期参加革命和建设的

2002年2月，王大中到家中看望清华大学高级技师闫炳义（左）。

王大中看望退休老教授王明贞（右）。

老干部。长期以来，他们像鲁迅先生形容的那样，吃的是草，挤出来的是奶，为了国家建设和清华发展奉献终身。当他们从岗位退下来时，大多数人的离退休金还很低。当他们了解到校领导班子为改善他们的待遇所做的各种努力时，内心感受的慰藉和温暖不言而喻，更加理解和支持学校重点提高骨干教师待遇的举措。由于学校关心到位，工作深入细致，实行岗位责任制和统筹兼顾的津贴分配方案，为创建世界一流大学凝聚了人心、汇聚了力量。

在学校的努力推动下，广大教职工的工作和生活条件不断改善。2002年教职工平均收入比1993年增长8.9倍，离退休人员收入增长5.7倍，教职工平均住房面积增长2.3倍。

在建立教师关键岗位责任制的同时，学校对管理岗位、教学辅助岗位的职员队伍试行职级制度，对从事技术工种的工人队伍实行技师级别考核晋升制度。学校人事处会同有关部门，为职工开设相应的业务培训，促使职工队伍的职业素质、服务技能和工作效率不断提高，对服务教学、科研以及对外交流与合作等主体功能发挥了重要作用。

### 一张澡票的故事

王大中在校长任内始终高度关切学生的学习、生活条件的改善。90年代末，一张澡票的故事在清华学生中广为流传。

由于基础设施建设滞后、研究生规模快速增长等原因，清华学生澡堂的拥挤现象日渐凸显。1999年底，有位学生给校长信箱写了封邮件反映洗澡难的问题，说同学们要送一张澡票，邀请王校长和同学们共进澡堂。

机关人员看到这封邮件，知道是学生反映问题的调侃戏言。没想到，王大中校长得知后，很快就同主管后勤的副校长郑燕康带着规划、财务、基建等部门干部去查看学生澡堂，进行现场办公，当即决定对学生澡堂分批改建和扩建。此后不到一年，包括采用太阳能集热等洁净能源在内的浴室改扩建相继完成，洗浴条件明显改善。

王大中常对后勤干部职工说，类似宿舍、厕所、澡堂等事情看似很小，却直接关系到学生的在学体验，也反映了学校的品味和层次，牵动着建设世界一流大学的全局。设身处地为学生着想，切实解决实际困难，才是清华的传统。

一枝一叶总关情，点点滴滴都是爱。一张澡票，折射出校长对学生无微不至的关心。

"教育改革一定要让最广大的学生受益。"这是王大中常说的一句话。1994年秋季学期初，学校首次实行学分制选课的一个晚上，王大中亲临选课中心。他很快注意到，名师的课程和信息科技以及经济管理类选修课最为热门。由于这些课程接纳人数有限，选上课的同学兴奋不已，选不上的同学失望沮丧。王大中敏锐意识到，选课制的关键是要有更多的好教师、好课程。他对副校长余寿文和教务处的干部多次强调，要下决心让更多的"大牌教授"上本科生讲台。这就是清华率先在本科教学方面设立关键岗位、提高一线教师待遇的开始。

图书馆的座位抢手，在清华学生中人尽皆知。1997年寒假前的期末考试期间，图书馆来了"告急"电话，清晨6点就有学生开始排队等待开馆，由于人群拥堵，落地玻璃门被挤破，幸而没人受伤。王大中得到报告，马上骑车赶到图书馆察看现场。随后，他召集专题会议调整基建安排，提前建设第六教学楼。

从1994年到2002年的"第一个九年",清华以快速而又平稳的过渡,基本上构建了综合性、研究型、开放式大学的高层次人才培养新体系。教师队伍、培养模式、管理方式、住宿条件、服务设施、校园环境、开放程度等,发生了太多的变化。这些变化的最大受益者,就是清华的全体学生。

**特殊的"家国情怀"**

从清华教职员工的安居工程,到子女后代的基础教育,再到教职员工的体检就医等,各种社会公共服务功能,都成为清华历任领导班子为之操心的"当家"难题。

在王大中校长的十年任内,清华建设的各种公共服务设施可谓史无前例,为改善广大师生员工的工作、学习和生活条件发挥了极为重要的作用。而王大中和学校领导班子、广大干部为此付出的心血,台前幕后的各种艰辛,却鲜为人知。

当今清华主校区周边的发展用地沿着海淀区东、西大石桥连成一片,实在来之不易。20世纪90年代后期,清华周边许多高校都把眼光盯向这片土地。王大中和贺美英、陈希两任党委书记都为此不断与教育部、北京市主要领导汇报沟通,取得理解和支持。同时,何建坤、郑燕康频频加强与兄弟高校的沟通,求得谅解和配合,使清华比较顺利得到预期的建设用地和发展用地。

在大石桥兴建荷清苑教师住宅区和学生紫荆公寓区,学校面临巨额的资金筹措压力。王大中等学校主要领导为了加快改善师生员工的人居环境,反复进行财政收支的平衡测算。这些项目建成并投入使用大约3年之后,基本上实现了财政平衡。

对于师生看病难的问题,王大中有过切身体会。当初他的大女儿出生后,一家还挤在"200号"的宿舍。一天孩子高烧不退,他和爱人抱着小孩,从虎峪村,艰难步行到南口火车站,再坐火车到城里看病。那种饱受煎熬的焦虑和疲惫,让他终生难忘。上任以后,王大中就下决心要把校医院建设好,保障师生健康。他结合实际重新明确了校医院的定位,推动改善医疗设备条件和实施改扩建工程。陈希、何建坤等校领导四处"化缘",深圳清华研究院、清华大学出版社等单位带头,先后向校医院捐赠了一批急需的医疗仪器设备。

知识分子往往比其他社会群体更加重视子女的教育。王大中等校领导深知,无论是稳定队伍,还是吸引人才,办好附校都意义重大。在王

1999年6月1日,王梁洁华女士(左六)、诺贝尔物理学奖获得者杨振宁(右二)、全国政协副主席朱光亚(右四)、国务院参事室主任徐志坚(左一)、国家计生委主任张维庆(左二)、中央统战部副部长刘延东(左四)、国家教育部副部长韦钰(左五)、清华大学校长王大中(右三)、北京市常委、市委教育工委书记徐锡安(右一)和陆赵钧鸿博士(左三)在清华大学洁华幼儿园落成仪式上。

大中校长任内，清华利用香港爱国人士王梁洁华女士的捐赠，修建了设施先进、水平上佳的洁华幼儿园；清华附小整体重建，成为海淀区最好的小学之一；清华附中校园面貌焕然一新，教育质量稳步上升。今天的清华园里，拥有从幼儿园到附小、附中的优质"教育链"，成为吸引海内外杰出人才的综合因素之一。

"在人世间，人是第一可宝贵的。"从王大中1994年出任清华校长算起，至今已过去20年，清华大学党政领导班子历经三任，围绕着创建世界一流大学的"人才强校"之梦，正在不断变成现实。面向未来，精心培育和壮大强校之本，永远是伴随清华大学事业发展的主旋律。

# 第六章

## The Sixth Chapter

顶天立地促转化

# 顶天立地促转化

> "科学技术是第一生产力,人才资源是第一资源,研究型大学则是将二者有机结合起来并予以充分发展的地方。"

在推进学科布局和结构调整的同时,王大中校长为培育和提升清华的科技竞争力倾注了巨大心力。在世纪交替的 10 年间,清华基本上完成了研究型大学科技创新体系的构建,科研总量和水平大幅度跃升,形成了跻身世界一流大学行列的基本态势。

## 一、推进内部管理体制改革

20 世纪 90 年代中期,清华同发达国家和地区的研究型大学相比,科技研究的总量和水平都存在显著差距。1994 年,全校一年的科研总经费还不到 2 亿元人民币,不及美国麻省理工学院的十分之一。基础研究薄弱,全校师生一年被 SCI 源刊收录的论文仅 100 多篇,即使在国内大学中也排在前 10 名之外,更遑论和世界名校相比。在工程科技领域,清华的科技成果虽然在国内有相对优势,但真正称得上高水平的并不多,代表技术创新的专利存量少,能够实施的就更少。

### 找准学校科研工作定位

在制定"九五"规划和"211 工程"一期建设规划过程中,王大中和分管科技工作的常务副校长梁尤能加强调研,组织各学科学术带头人和科研骨干多次讨论,经过反复梳理,形成学校科技工作的基本原则:一是坚持面向国家战略重大需求,抓好科技攻关重点布局;二是培育基础研究后发优势,提高基础研究水平;三是开创"产学研"合作体制,开拓大学和企业、地区的合作新格局,推动科研成果向现实生产力转化。

这三条原则体现了科技工作在清华战略转型全局中的功能定位。梁尤能说得很形象：清华科技要上水平，教授们也要选择自己的目标定位，要么选择"顶天"，瞄准世界前沿；要么选择"立地"，服务经济建设主战场。

在1995年寒假学校领导班子务虚会上，王大中把大家讨论的意见归纳为"顶天、立地、促转化"，把一手推进科技创新上水平，一手推进科技服务国民经济建设主战场，作为全校科技工作的指导思想。

### 改革教研组体制

面对学校的战略转型，领导班子认识到，长期沿用的以教研组为中心的教学和科研管理体制已经越来越不适应改革发展需要，正在产生明显的掣肘作用。

清华的教研组体制始于20世纪50年代，基本上对应于专业设置。到90年代，过细的专业划分严重制约拓宽专业面向的人才培养需要，更不利于整合力量承接重大科研课题。王大中提出，要把内部管理体制的改革提上日程，从学科建设和科技工作重点布局入手，结合人才培养和教育改革需要，打破以教研组为基本单元的管理体制和运行机制。

1997年初夏，学校召开了第十四次科技工作讨论会，王大中、梁尤能围绕科技上规模、上水平、促转化做了主题报告和动员。会后，校内管理机制改革正式启动。

尽管学校在中层干部中明确了体制改革的基本思路，层层动员，但是撤销教研组的决定仍然在教职员工特别是老教师中引起不小的震动。不少老教师是当年教研组的创办者和骨干，有一种难以割舍的感情，加上新的组织模式还不明朗，疑虑、担心和困惑在所难免。

王大中要求学校各部门和各院系把工作做细，要从学校建设世界一流大学的发展需要出发，分析现存体制的弊端，使广大教师更多了解发达国家的大学在教学和科研管理体制方面的成功经验，明确学校体制改革的预期目标。

通过各院系深入细致的工作，全校在几个月内平稳完成体制改革。由院系一级负责组织教学；取消承担基础课教学的"基础部"建制，相应学科回归所属的院系。同时，按照二级学科或者更宽的学科平台组建研究所，各个研究所设立一名副所长分管本科教学和研究生培养。

这是清华历史上规模最大的一次教学和科研管理体制改革。它促进了院系内部的学科结构优化调整，推动了全校科研规模的迅速发展和水平提升，也为拓宽人才培养的专业面向、促进课程体系和教学内容改革、推进本科和研究生统筹培养创造了有利条件。

随后，学校加强统筹和协调，为建立教学水平和学术水平兼备的师资队伍接连出台一系列评价和激励机制。2002年，根据教学和科研两大功能的同一性和差异性特点，实施"教师分系列管理改革"，以使评价机制和激励政策更加客观合理。同时，为建立符合中国国情的研究型大学科技创新体系，清华不断深化体制改革和创新，成效显著，在国内高校中发挥了引领作用。

在1994—2002年的"第一个九年"，清华大学科研综合实力大幅提升，科研经费、科技获奖项目和等级、专利存量等均居全国高校首位，研究型大学的科技创新体系和人才培养格局初步形成。

## 二、面向国家战略需求抓好重大项目

在核反应堆一系列重大项目的攻关中成长起来的王大中，始终注重面向国家战略需求把握科研方向，组织重大项目攻关。

经验表明，面上科研靠政策，重大项目靠组织。重大项目涉及多个不同的学科领域，甚至需要跨部门、跨单位协调。在市场经济环境中，由于科研项目与院系、研究所和教师个人的利益挂钩，不少教师"宁为鸡头，不做凤尾"，组织团队协作的难度大为增加。因此，王大中强调由学校领导直接主抓一些跨院系、跨学科重大项目的组织工作，大多数重大项目他亲自听取进展汇报，深入实地调研、协调和推动。

### "抓几个十来项"

随着国家科技创新体系的建设，特别是高科技企业创新实力和贡献快速提升，围绕国家重大科技项目的竞争态势日益激烈。王大中和梁尤能等学校主要领导意识到，如果没有先期投入，提前蓄势，培育出前期支撑点，重大项目就很难得到立项机会。为此，王大中提出，学校要有战略远见，抓住有价值的方向做好前期部署，预先投入。

根据这一思路，在组织"211工程"和"985工程"首期建设规划期间，常务副校长梁尤能提出，学校要"抓几个十来项"，提前培育。经过反复论证，从基础研究到成果转化，分成四个层面，形成四个"十来项"：一是瞄准学科前沿的基础研究，二是瞄准重大科技攻关方向的前期预研，三是软科学领域选题研究，四是成果转化的项目筛选和培育。

"九五"期间，清华先后部署了高速信息网络、数字电视、煤清洁燃烧技术、先进核能技术、集装箱检测技术、核燃料处理、快速成型、微小卫星、新材料、生物芯片、有机光电子显示（OLED）、环境工程、中国学术期刊光盘版、电动汽车等一批大项目，先以校内立项给予支持。

提前培育是组织重大科技攻关的风险决策，也是符合科技创新规律的。实践证明，清华的风险投入得到很高的"回报率"。一批重点布局的先期研究和资源整合，不但为争取国家重点支持培育了必要的竞争优势，而且通过几年的艰苦奋斗，大多数都取得了重要成果，多个项目先后获得国家级技术发明奖和科技进步奖，并在高科技成果产业化方面作出显著贡献。

### 领跑下一代互联网的 CERNET

清华从80年代开始研究网络技术，1992年在校内建设了第一个校园网。

1993年美国政府提出"信息高速公路"（Information Superhighway）后，学校邀集信息领域的教授座谈。大家一致认为信息高速公路和高速计算机（Super-computer）是今后被看好的两个研究方向，建议学校把这两个"S"抓起来。于是学校决定组织队伍，组建信息网络工程研究中心，并任命两位30多岁的青年教师吴建平和李星分别担任中心的正、副主任。

1993年7月，"北京商品交易所计算机交易系统"招标，学校支持信息网络工程研究中心参与竞标。梁尤能常务副校长亲自领导和协调，抽调一批师生组成团队进行封闭式研发。经过数月奋战，清华团队从十几家竞争对手中脱颖而出，在国内率先采用TCP/IP网络技术，成功地完成计算机交易系统。该项成果荣获1995年国家科技进步二等奖。

初战告捷之后，清华正式向教育部建议，建设国家教育科研网（CERNET），得到教育部首肯。学校先行垫付资金，和另外5所高校开通了一个联接6所高校的局域网。1993年年底学校专门邀请当时的国家教委和国家计委有关负责人到北交所参观。400多台计算机联网运行，场面壮观。此后，国家计委决定拨款4000万元支持该项目。

1997年5月6日，中央政治局常委、国务院副总理朱镕基（前排右三）和夫人劳安（前排左二）参观CERNET，国家教委主任朱开轩（前排右五）、清华大学校长王大中（前排右四）、清华大学党委书记贺美英（第二排左二）、清华大学原党委书记李传信（前排左一）、清华大学常务副校长梁尤能（前排右二）陪同参加，吴建平教授（前排左三）在电脑前做讲解。

在国家的有力支持下，1995年底，CERNET示范工程通过了国家计委验收。这是我国第一个独立设计、自主实施的全国性计算机互联网络。到2013年，CERNET已连通全国2000余所高校，用户达2000多万人，居世界同类网络之首，对我国发展信息网络发挥了重要的示范作用。

2000年，在领导的支持下，由教育部和清华等10所高校共同成立赛尔网络有限公司，通过向社会提供网络技术服务的收益来维持CERNET的运行和发展。

2004年，清华中标承担了"中国下一代互联网（CNGI-Ⅱ）"建设，并于年底开通CNGI-CERNET2主干网。这是纯IPv6网，也是全球首批开通IPv6的国家学术网。

在2010年第78届IETF大会上，国际互联网协会（Internet Society）将年度最高奖"乔纳森·波斯塔尔奖（Jonathan B. Postel Awards）"授予清华网络中心主任吴建平教授。该奖项自1998年设立以来，首次为中国科学家所得，在计算机信息网络领域分外引人注目。

### "航天清华一号"：新的起步

清华和航天航空有着不解之缘。航空系虽在1952年院系调整时迁出，但在钱学森先生推动下，清华于1956年开办了工程力学研究班和自动化班，1958年又成立了面向航空航天的工程数学力学系，在固体、流体和工程热物理等领域具有较强实力。王大中出任校长后，清华开始考虑发展航天学科，曾两次邀请这一领域的老校友座谈，听取他们的意见和建议。

在筹划科技重点布局时，科技处处长冯冠平建议发展微小卫星技术，作为恢复航天航空学科的切入点。这一建议迅速被学校采纳。

1998年初，王大中专程带队访问考察在微小卫星方面颇有建树的英国萨瑞大学（University of Surrey），与对方达成共同研制微小卫星及联合成立宇航技术研究中心的意向。同年7月，两校正式签署合作协议。

1998年9月17日，王大中与英国萨瑞大学签订微小卫星合作协议。

9月，清华成立了宇航技术研究中心，从校内相关院系抽调一批骨干教师组队赴萨瑞大学联合攻关。

经过一年多的研发，清华的第一颗微小卫星研制成功。清华通过国防科工委国际合作交流司与俄罗斯有关方面达成发射协议。2000年6月28日18时37分，被命名为"航天清华一号"的微小卫星在俄罗斯发射升空。这是我国高校研制的第一颗科学实验微小卫星，在光学遥感、空间环境调查、卫星姿态控制等方面获得大量数据，并在实战中锻炼了一支精干的设计和研发队伍。

紧接着，清华又独立研制并成功发射了两颗微小卫星。国家有关部门也开始委托清华研制开发体积更小、性能更加先进的纳米卫星。

2004年，学校新一届领导班子决定整合校内力量组建航天航空学院，并聘请清华校友、中国载人航天总设计师王永志院士担任院长。同年，清华成功发射独立研制的纳米卫星。在学校领导班子持续的支持下，2014年10月，清华大学团队与信威集团联合研制成功我国首颗灵巧通信试验卫星，并完成全部在轨测试试验，实现了我国在低轨移动通信卫星领域的重要突破。

在当今世界的强国博弈中，太空正在成为新的舞台。浩瀚的星空，为清华人的航天梦留出了广阔的想象空间。

### 生物芯片领域的奇峰突起

在实施"985工程"一期的学科建设布局中,王大中对发展生命科学强力支持,同时,通过实施"百人计划"和教育部"长江学者"计划,为生命学科领域引进领军人才。程京博士就是其中之一。

程京先后在欧美留学,在生物芯片领域的研究成果引起国际关注。在1997年第80次"香山科学会议"上,他应邀做了生物芯片进展报告。此后,他接受清华聘请,于1999年3月成为学校第一位"百名人才引进计划"入选者,出任清华生物芯片研究与开发中心主任。

王大中校长亲自主持协调,从有关院系抽调骨干教师组建了生物芯片研发团队,并在刚落成的生物系新馆安排了400平方米的实验室和急需的仪器装备。

2000年2月,王大中抓住国务院办公厅举办高科技讲座的机会,主动建议将生物芯片技术列入讲座。在程京赴中南海做报告之前,王大中等学校领导先后3次听他试讲,力求达到深入浅出的效果。

程京的讲座受到国务院领导的高度评价。朱镕基总理当场表示,一定要对发展生物芯片予以支持。李岚清副总理对成立"生物芯片国家工程研究中心"及资金问题作出专门批示。9月,根据国家发改委的意见,清华大学作为主体,联合有关单位共同成立了"生物芯片北京国家工程研究中心"。

在国家、社会和学校的全方位支持下,程京的团队致力于以生物芯片为平台开展医学系统生物学研究,先后承担并完成了国家"863计划"重大专项等课题,取得了一批开创性成果。2002年,中心研制的"缩微芯片实验室"样机搭载"神舟三号"宇宙飞船在太空成功进行了可靠性试验。2003年,与有关单位共同研制出专门用于传染性非典型肺炎(SARS)病毒检测的基因芯片。2008年6月,程京团队发明了一种基于芯片的细胞迁移检测的新方法,研究成果作为封面文章发表在该领域顶尖杂志《芯片上的实验室》(*Lab on a chip*)上。

生物芯片的产业化很快进入正轨。如今,程京领导的生物芯片中心已经成为我国在该领域产品研发实力最强、市场销售规模最大、申请和获得国内外专利最多、具有国际先进水平的产业化基地,在国际上享有很高声誉。程京本人也在 2009 年当选中国工程院院士。

2006 年 12 月,王大中(中)、贺美英(左)参观生物芯片研发中心,程京教授(右)在讲解。

2009 年,生物芯片研发中心成立 10 周年,程京他们尤其感念王大中等时任校领导的强有力支持。王大中应邀参加了庆祝活动,并题写了"十载结硕果,再创新辉煌",对中心的未来寄托了满腔希望。

### OLED 的产业化道路

1996 年,化学系青年教师邱勇博士开始进行 OLED(有机发光显示)技术的研发。王大中和学校领导了解到这是我国急需的新一代显示技术,于是将其列为"985 工程"一期校级重点科技攻关项目,并由当时还是副教授的邱勇负责组织相关院系的力量一起攻关。

邱勇课题组在 OLED 技术研究上取得了快速的发展,特别是在有机发光材料制备的核心技术上取得了重要突破,并获得了自主创新专利权。为此,从 2002 年起我校先后承担了 OLED 国际标准和国内标准的制定工作。到 2010 年,他们共申请国内外专利 214 件(其中国外发明专利 39 件),已授权 86 件。他们发明的高可靠性、抗电磁干扰、防静电、抗振动的 OLED 器件,还成功应用于"神七"舱外宇航服上,在国际上也是首次将类似技术用到航天领域。

2008年自主设计的中国大陆第一条OLED大规模生产线在昆山投产，这是我国在显示产业领域首次依靠自主技术建成的大规模生产线。中央电视台新闻联播、新华社等多家媒体对此进行了报道。

1998年12月4日，王大中（中）和常务副校长梁尤能（右）考察OLED项目组，青年教师邱勇副教授（左）在做介绍。

OLED的产业化道路也说明，学校与企业联合组建高新技术企业，发挥学校的人才与技术和企业的资金与市场优势，是推动学校科技成果转化、促进教育、科技与经济发展结合的有效途径。

如今，已是国家技术发明奖一等奖获得者、中科院院士和清华大学校长的邱勇，忆起当年，心中对王大中校长和学校给予的扶持充满感激。

在王大中校长任内形成的"选准方向，超前部署，加强组织"的方针，在后任领导班子中继续发挥重要作用，帮助一批又一批像程京、邱勇这样的年轻学术骨干捕捉新的机遇，应对新的挑战，不断脱颖而出，成为保持可持续创新活力的不竭源泉。

## 三、培育基础研究的后发优势

基础科学研究是世界一流大学的强势所在，学术论文是大学最主要的成果形式之一。长期以来，被SCI收录的论文数量及其影响因子、被引用数量，成为国际上衡量大学学术水平的重要指标。90年代，哈佛大学、东京大学等世界名校，每年被SCI源刊收录的高水平论文都在数千篇。

### 实施"千篇工程",推动基础研究上水平

学校领导抓住"211工程""985工程"建设机遇,在学科布局调整过程中,对加强理科等基础学科重手布局,为建成综合性学科结构、为培育基础科学研究的后发优势打下了基础。

在国内高校中,南京大学在基础学科发展及国际高水平学术论文方面的成就引人注目。1996和1997年,王大中曾先后向南京大学曲钦岳、蒋树声两任校长请教该校的经验。曲钦岳院士从80年代开始担任南大校长,提出"要经过几年、几十年努力,把南京大学办成第一流的大学,办成具有国际水平的大学",为此采取了一系列改革举措。从1992年起,南大被SCI收录的论文首次超过200篇,到1998年在国内高校中保持了SCI论文数的"七连冠"。

王大中、梁尤能等学校领导认真研究了南大经验。大家认识到,清华在基础研究论文方面存在差距,其根本原因是理科长期缺失,同时,也与以工科为主的教师对发表论文不够重视有关。因此,先以抓SCI论文数量,作为加强学科建设、提高学术水平的重要抓手。梁尤能根据近年来清华的科技总量和SCI论文增速提出,争取到2001年建校90周年时全校SCI论文超过1000篇。

学校出台了《关于提高SCI收录论文数量和质量的十条意见》,根据各学科实际,对教师和博士生明确了具体要求,制定了相应的激励政策。这项举措被大家称为"千篇工程"。

随着学科建设的进展,清华的基础研究实力快速提升。到2001年,清华被光盘版SCI收录的论文增加到1100多篇,被网络版SCI收录1400多篇。从2000年到2005年,清华SCI论文数连续保持全国高校之首。同时,清华的社会科学引文索引(SSCI)、艺术与人文科学引文索引(A&HCI)论文数也明显增加,2004年升至中国高校第2位。实施"千篇工程",全面推动了基础研究,大大提高了清华的国际学术影响力。

正如曾分管科研的副校长龚克所说,"千篇工程"就是质量工程。1996、1997年,清华每年发表学术论文约8000篇,其中英文论文3000多篇,

而被 SCI 收录的只有三四百篇，比例不到 5%。到 2001 年 SCI 论文突破千篇时，全校论文总数还是 8000 多篇，但有影响的论文却超过了 15%。

"千篇工程"目标实现后，王大中就及时提出，应逐步淡化论文的数量要求，转而突出质量标准。这说明学校领导班子始终保持着清醒的头脑。

### 建立基础研究"特区"——高等研究中心

在 90 年代中期，理学院常务副院长熊家炯等向王大中校长建议，发展理科要有区别于工科的特殊政策。王大中考察过剑桥的卡文迪许实验室、普林斯顿高等研究院等世界著名的研究机构。当时清华的客观条件还不具备，他决心先组建一个研究机构作为加强基础研究的支撑点，开展前期探索。

大家不约而同地想到了长期在普林斯顿高等研究院工作的诺贝尔物理学奖获得者、清华校友杨振宁先生。1996 年，杨振宁应邀回母校访问。王大中、梁尤能向他介绍了学校决心重振理科、加强基础研究的设想，得到杨先生的热情支持。他赞同清华建立高等研究中心，表示愿意提供帮助，只是自己年事已高，不宜担任中心主任，只当名誉主任。杨先生很欣赏周光召推荐的即将从普林斯顿大学退休的物理学家聂华桐教授，建议请他出任中心主任。

1997 年初，聂华桐教授回国，接受了王大中校长的聘书。6 月 2 日，清华大学召开了高研中心成立大会。王大中在致辞中阐述了高研中心"面向世界，加强清华大学基础科学研究"的宗旨、运行原则和学校的承诺。

出席高研中心成立大会的有诺贝尔奖获得者杨振宁、丁肇中、江崎玲于奈、朱棣文和菲尔兹奖获得者丘成桐等多位世界级大师，规格之高为清华近年所少见。大会之后，就是中心的首场学术活动，科学大师们以"21 世纪基础科学研究的展望"为主题，作了精彩的学术报告。

中心最初设在新的物理系馆，2007 年迁入修葺一新的清华老科学馆。国家有关部门和学校给予了相对充足的研究经费，同时在学校支持下，杨振宁先生筹划建立了北美、香港两个基金会，筹集经费支持高研中心发展。

高研中心坚持世界一流的标准选聘研究人员。对每一位应聘者，都会邀请国际著名的同行学者进行评审。翟荟是杨振宁先生在清华高研中心亲自指导的博士研究生，毕业后到美国做了4年博士后，在冷原子研究方向取得优秀学术成果。对于他的聘用，聂华桐教授亲自给全球冷原子方面最好的11位学者写信征询意见，收到的10封回信均给予了很高评价，这才决定聘其为研究员。

高研中心借鉴美国大学经验，对绝大多数人员实行非固定岗位，强化流动机制。进到中心的博士要先做2～4年博士后研究，其中的优秀者才有可能被聘为助理教授，再从中选拔聘任副教授（副研究员）直至教授（研究员）。杨振宁先生说过，标准比较高的地方，不可避免地要跟有些人说，我们不能留你。

高研中心的目标带有一定特殊性。一方面，始终坚持捕捉具有原创

1997年6月，王大中出席高等研究中心成立大会。

性战略意义的学科前沿，例如，在物理学科重点抓了拓扑绝缘体和冷原子两个方向；另一方面，是在前沿、边沿学科和交叉学科领域培养基础研究的后备人才。在这里，优秀的本科生和研究生源源不断被带到世界前沿，探索未来的研究方向，这是清华建立高等研究中心更重要的目标。

2002年8月，清华大学周培源应用数学中心成立，国际著名应用数学家林家翘教授和美国布朗大学谢定裕教授分别担任名誉主任和主任。这是清华基础研究的另一个特区。

基础研究要有政策，也要有特区。当年王大中所期待的"特区"效应，在后任们的继续努力下得到保持和发展。2009年，高研中心更名为高等研究院，以"创新、交叉、综合"为研究活动的主导思想，倡导开拓性与科学首创精神，在统计物理、凝聚态理论、数学物理、基础数学、理论生物学、理论计算机科学等领域取得了很多有影响的成果。

今天的清华人，继续追寻着面向世界、面向未来的科学之梦。

## 四、探索新型产学研合作模式

为了探索"促进转化"的产学研科技创新体制，王大中和他的同事们注重研究世界名校的成功经验。他在访问美国麻省理工学院时对该校专门负责与企业合作的机构颇为关注，1994年又派专人到麻省理工学院深入调研了一个月，了解该校与企业界的合作体制和运行机制。在交流过程中，麻省理工学院的同行对清华的科技实力以及学校与企业界的关系有了进一步了解，他们一致认为，清华应该也完全有条件与企业界建立紧密型合作体制。

### 创建"清华大学与企业合作委员会"

1995年春，校务会议决定，成立"清华大学与企业合作委员会"（简称"企合委"），王大中校长亲自担任主任委员。宝钢集团、大亚湾核

1995年，王大中出席清华大学与企业合作委员会成立大会。

电集团等30多家国有大型企业踊跃加盟，成为首批会员单位。

1996年，清华企合委又成立了海外部，吸引了日立、松下、IBM等20多家跨国大企业加盟合作。

为了加强横向联合的科技研发，1997年企合委办公室与科技开发部合并，进一步扩充人员。企合委面向成员单位所在区域和行业，设立了一批专职和兼职联络员。精仪系的韦文林教授、核研院的吴绪模研究员等一批实践经验丰富又热心和企业合作的专家常年穿梭于学校和企业之间，主动了解企业和行业需求，改变了学校只等企业上门求助的状况。企合委定期向成员单位发布学校科技成果和企业需求信息，深受成员单位欢迎。

20世纪90年代，我国企业界特别是大中型国有企业从引进为主逐步转向重视吸收、消化再创新的过渡时期，清华和企业界建立紧密型的产学研合作体制，为 21 世纪初期国家确立以企业为技术创新主体、以产学研为依托的创新体系进行了富有成效的先行探索。

### 促进横向研发和技术转移

清华通过企合委搭建的产学研合作平台，先后和南方电网、东方电气、塔里木油田、株洲机车、上海汽车、中国重型汽车、四川长虹、深圳华为等行业龙头企业建立了产学研合作机构，整合校、企双方的相关资源，增强自主创新能力。

1998 年，上海汽车工业总公司投资 300 万元人民币和清华汽车工程系共建汽车碰撞联合实验室就是一个成功的案例。联合实验室以国际汽车安全实验技术为基础，自主开发了具有图像分析、力学性能测试、评价以及虚拟仿真等完整的软硬件系统，成为我国汽车工业界第一个安全性实验和评价机构。

通过企合委建立的产学研合作机制，清华的横向科技研发潜力得到发挥，横向研发经费在全校科技经费中的比例快速提升。2004 年，全校技术合同数达 895 项，合同经费总额 3.7 亿元，分别是 1993 年的 2.5 倍和 5.6 倍。电机系韩英铎教授领衔的河南电网升级成套技术，机械系柳百成教授牵头的"铸造之星"虚拟铸造大型软件，颜永年教授主持的快速成型先进制造工艺，自动化系承担的大型电站仿真、炼油过程计算机集成控制等一批重大成果，都成为提升我国企业自主创新能力的重要标志。截至 2002 年，全校科技成果转化年增利税超过 100 万元的项目有 164 项，其中 1000 万元以上的 45 项，产生的经济效益超过 39 亿元。

在此期间，在华跨国企业和清华共建的联合研究机构快速增加，瞄准国际高端技术的联合研发为校企各方的协调发展注入新的活力。迄今为止，清华与海内外企业建立的联合研究机构已逾百家。近年来，校企合作体制逐步向以民营企业为主体的中小型企业转移，为我国民营企业的转型升级提供了可靠的技术支持、管理咨询和人员培训等服务。

2001 年 6 月，清华大学国际技术转移中心成立，通过组织国外先进的技术资源以及人才信息，为国内产业界提供中介服务。该中心从推介俄罗斯的高科技成果开始，逐步扩展到欧美等国科技成果，广受国内企业界欢迎。这一尝试很快引起国家有关部门的关注。同年9月，国家经贸委和教育部联合认定清华大学技术转移体系为"国家技术转移中心"。

### 抢占先机，建设中国知网（CNKI）工程

在知识经济迅猛发展的背景下，世界银行于1998年首次提出建立国家知识基础设施（National Knowledge Infrastructure，NKI）的概念，力图以此推进世界各国实现全社会知识资源的传播、共享与增值利用。

随着计算机信息网络的飞速发展，这个新概念激发了清华物理系一个博士的灵感。他向学校提出建立中国国家知识基础设施（CNKI）的设想方案，把我国一些重要的学术期刊汇编为全文数据库，形成知识分类集成、传播与共享服务体系，开辟新的信息服务增值空间。

王大中、梁尤能等学校领导对这一设想立即给予肯定和支持，这并非偶然。自1995年以来，他们就为加强我国科技创新的知识传播，扩大社会共享知识资源的受益面做了许多卓有成效的努力。

早在"211工程"一期建设期间，清华就开始大力推动光盘国家工程中心编辑出版《中国学术期刊（光盘版）》，并成立了高规格的编委会，邀请周光召先生任编委会主任，王大中任副主任。随后数年，清华汇聚多方资源，先后解决了技术创新和商业运作两方面的各种困难；开发完成了国际首创的支持原版显示的数据库全文检索管理系统；成立了"全国学术期刊印刷联盟"；依据国家著作权法，确定了电子期刊的编辑出版模式及其与印刷期刊的经济与法律关系，以合作出版实现互利共赢，使数据库的期刊收编率超过了90%。

1997年9月新闻出版总署批准了《中国学术期刊（光盘版）》的电子刊号，由此诞生了我国第一个也是当时世界上唯一的以电子期刊方式按月连续出版的大型集成化学术期刊原版全文数据库。

前期的奋斗成果，为建设中国知网（CNKI）工程打下了坚实基础。

1998年6月12日，全国政协副主席、中国工程院院长朱光亚院士（前排左三）、中央宣传部常务副部长龚心瀚（前排右二）、信息产业部副部长曲维枝（前排左二）、教育部副部长张保庆（前排右一）、清华大学校长王大中（前排右三）、清华大学常务副校长梁尤能（前排左一）在中国学术期刊（光盘版）电子杂志社成立大会上。

1999年，由清华大学和同方公司发起，正式启动CNKI工程。在党和国家领导人的关心和推动下，教育部、中宣部、科技部、新闻出版总署、国家版权局、国家计委等部门对该项目大力支持，全国学术界、教育界、出版界、图书情报界等密切配合，CNKI工程集团经过多年努力，采用自主开发并具有国际领先水平的数字图书馆技术，建成了世界上全文信息量规模最大的"CNKI数字图书馆"，并正式启动建设《中国知识资源总库》及CNKI网络资源共享平台。

CNKI的成功建设及其产业化运作机制，为全社会知识资源的高效共享提供最丰富的知识信息资源，最有效的知识传播与数字化学习平台；并为知识资源生产出版部门创造互联网出版发行的市场环境与商业机制，对促进教育、科技、文化、出版等事业和文化创意产业发展提供了大有作为的信息网络空间。

2006年，新闻出版总署牵头组织，科技部、教育部、信息产业部参加，在清华召开了"中国学术期刊网络出版总库"鉴定验收会，王大中在会上作了《任重道远，深化创新，加速发展》的主题讲话。

历经十几年建设，CNKI工程从当初单纯收录学术期刊，发展为涵括学术期刊、博士硕士学位论文、会议论文、年鉴、报纸、工具书、专利、标准等众多门类，并通过光盘、网络等多种载体为公众提供信息服务的知识总库。这一规模浩大的信息化工程，也是清华汇聚多学科综合实力开展系统集成创新的又一个杰作。

## 五、国家智库功能的快速提升

在加强清华文科布局时，王大中、贺美英等学校主要领导高度关注培育高水平的国家智库。1996年清华成立"21世纪发展研究院"；1997年，在人文社会科学学院建立"国际关系研究所"；2000年，公共管理学院成立，清华和中国科学院共同建立"国情研究中心"，为智库功能建设确立了高起点。

### 国情研究独树一帜

2000年，在王大中校长的倡议和推动下，"国情研究中心"正式成立，聘请胡鞍钢教授为中心主任。胡鞍钢给研究中心设定的奋斗目标是"有重大影响力的国家决策思想库和具有国际影响力的中国研究中心"。

2000年12月25日，李岚清副总理在胡鞍钢的研究报告《西藏现代化发展道路的选择问题》上作出重要批示，批转给国务院专题工作组成员单位的领导参阅。

2003年4月13日，胡鞍钢执笔撰写的《全面积极应对全球SARS危机》上报中央，就如何处理SARS危机提出了9点建议，也陆续被采纳。到6月底，国情研究中心连续编发30多份关于SARS的研究报告，密集地向中央领导提供信息和建议。

根据中文社会科学引文索引（CSSCI）数据库的统计，2000—2004年中国经济学者的文献引用次数排名中，胡鞍钢被引用次数排在全国前三位。据不完全统计，国情研究中心编辑的《国情研究报告》，仅2000—2005年就累计被党和国家领导人批示80多次。

10多年来，清华国情研究中心始终着眼中国改革与发展中的重大战略问题，为中央和地方政府提供高质量的科学决策参考。主要研究领域包括中国宏观国情、中国经济与区域发展、国家发展规划、知识经济和国家信息化等；重点开展能源、气候变化、环境、科技、教育、扶贫、卫生等方面的公共政策研究；出版国情研究系列著作以及海外中国研究的系列译著，积极推动关于当代中国研究的学科建设。面向中国高层领导和高级研究者发行的内部刊物《国情研究报告》，已成为服务于国家决策的重要内参资料。

### 积极参与国家政策咨询

通过学校和文科院系、广大文科教师的共同努力，清华文科的学术研究取得了显著的进步。

2003年，全校文科研究项目数和总经费分别比2000年增加70%和158%。在国内公认反映文科学术水平的"全国普通高校人文社科研究成果奖"方面，清华在1995年首届仅获二等奖1项，1998年第二届获二等奖2项、三等奖1项，2003年第三届获奖数猛增至12项，其中一等奖2项、二等奖3项。在高水平论文方面，清华每年的SSCI与A&HCI论文数已列全国高校前茅。

清华还先后成立了一批有一定影响的研究中心，承担了大量来自政府和企业的咨询任务。其中，高校德育研究中心、技术创新研究中心、现代管理研究中心都被确定为教育部人文社科重点研究基地。

清华文科学者的研究引起了国家的重视，多位教师应邀为中央领导介绍情况并参与决策研究。法学院王保树教授曾两次应邀为全国人大常委会作专题讲座。2003年，公共管理学院薛澜教授、新闻与传播学院熊澄宇教授分别担任第十六届中央政治局第四次、第七次集体学习的主讲人。

据国内媒体报道，2014年1月，上海社会科学院智库研究中心发布了我国第一份《中国智库报告》，并公布中国智库影响力排名。在这一全国首份智库排行榜上，清华大学仅次于国务院发展研究中心、中国社会科学院、北京大学，居"综合影响力"第4名；在各专业领域中，清华国情研究院在"政治建设"和"城镇化"两个专业领域入围前5名。这说明，清华已经跻身中国顶级智库之列。

改革开放以来，清华历届领导班子持续推进综合性学科布局和结构调整，学校基本形成了研究型大学的科技文化创新体系。面向未来的中国和世界，清华大学的人才培养、学术研究、科技创新，不仅可以更好地服务于国家的经济建设、国防建设，还可以在政治建设、文化建设、社会建设以及对外关系等各方面，承担更多的责任，为建设人才强国、科技强国、文化强国作出更大的贡献。

# 第七章

The Seventh Chapter

开放办学新格局

# 开放办学新格局

> "改革是发展的动力,开放同样是发展的动力。在一个全球化的时代,大学只有面向社会和面向世界开放办学,才能培养出具有社会责任感和国际竞争力的优秀人才,才能获得发展进步的巨大力量。"

19世纪下半叶,源于欧洲的创业型大学理念随着新移民越过大西洋,扎根北美并取得巨大成功。从麻省理工学院引领潮流到斯坦福大学快速崛起,美国在这一时期涌现出的世界级名校和美国成为世界头号强国的经历,几乎保持了惊人的同步。这些大学以对区域经济、社区服务直至国家核心利益的贡献,开拓了现代大学的社会服务功能。大学的社会服务水平以及对世界的开放,成为高水平研究型大学的显著特征之一。

在王大中校长任内,清华以学科综合实力、科技成果和人才培养等优势为依托,培育高科技产业,建设大学科技园,推进区域合作,汇聚各种办学资源,以更加开放的姿态活跃于世界高等教育舞台,成为世界一流大学"俱乐部"日益重要的伙伴成员。

## 一、学校科技产业的发展和变革

改革开放以后,清华校办企业发展较快。1980年组建"清华技术服务公司",校办企业开始向现代企业转型。1988年成立清华科技开发总公司,5年后以此为核心成立了清华紫光(集团)总公司,经营额和利润快速增长。同时,问题也逐渐出现,院系办企业的数量过多,高峰时甚至超过了全校教研组(室)的数量;多数企业规模小、效益低,管理不规范;对教学、科研造成负面影响。1992—1993年,学校对系办公司进行清理整顿,规定一个系只能办一家公司,不提倡每个系都办,并以收取人员编制费和上交部分利润的经济措施加以约束。当年清理相当于一次"间苗行动",未能从根本上解决系办企业的体制性弊端。

**确定学校产业工作方针**

王大中上任之初,校内外对校办企业存在两种截然不同的观点。一种意见认为,校办企业有利于推动科技成果转化,也可以补充办学经费的不足,应该发展;另一种意见认为,国外名校几乎没有直接办企业的做法,学校办企业会影响教学科研,是不务正业。

根据常务副校长梁尤能的建议,学校于1994年4月在京郊怀柔召开了产业工作研讨会,新、老领导班子主要成员和产业系统干部百余人参会。

在听取各种意见之后,王大中讲话强调,和欧美等发达国家国情不同,中国企业的科技创新能力不足,科技成果转化能力普遍薄弱,国家通过科技管理体制改革,鼓励大学和科研院所举办企业,直接推动科技成果向现实生产力转化,势在必行。清华应积极介入科技产业,借此培育大学的社会服务功能,直接为国家和区域经济社会发展服务。同时,他主张区分功能,加强规范,一定要让懂企业的人来经营管理,做大做强,争取对学校办学有所回报;要努力避免各种商业模式对教学、科研等学术功能带来负面影响。

会议明确了"支持发展、承认冲突、趋利避害、规范改制"的校办企业工作方针。王大中明确提出,校办企业是发挥高校社会服务功能的重要体现,必须作为学校工作的重要组成部分来抓,和建设世界一流大学的战略接轨。这句话让与会者精神为之一振,引起很大反响。

曾经长期担任清华校办企业"掌门人"的荣泳霖回忆,当时有人把校办企业比喻成一只手上的"第六个指头",怀柔会议不但为校办企业找回了"名分",而且确定了前所未有的高标准。

**推动校办企业转型的重大步骤**

1994年的怀柔会议成为清华校办企业发展的重要里程碑。自此,清华校办企业的改革和发展迈出了关键的三大步。

第一步,向规模化、集约型的现代企业转型。怀柔会议期间学校决定,从体制上实行事业和企业分家,明确区分学校的教育、学术等事业功能和校办企业功能,实行分类管理。同时,设立一家覆盖全校的集团型公司"清华大学企业集团",以资产为纽带,与下属公司建立"母子公司"的投资关系,明晰产权和经营责任。

同时,由学校向企业集团派出董事会,负责产业的管理和决策,实行董事会领导下的总裁负责制,同时成立企业集团党委;在企业工作的事业编制人员保留编制,原则上取消党政级别,按企业人员管理;按照现代企业制度要求,推动条件成熟的企业向股份制企业过渡。要"以重点项目为基础,发展规模化的产业基地",以"经营额过亿元,利润千万元"为目标,形成若干规模化经营的骨干企业。清华历史上第一份《校办公司管理的若干规定》也正式出台。

1995年8月,清华大学企业集团宣告成立,注册资本1.1亿元。学校任命常务副校长梁尤能兼任董事长,产业管理处处长荣泳霖担任副董事长兼总裁。原来由学校开办的"紫光"系公司等归属不变,新建公司的资产和经营管理归属企业集团。同时,学校委托企业集团代管全校的企业和经营性实体。

第二步,改制上市,取得企业融资功能。90年代的中国还没有成熟的投资机制,校办企业不可能向银行大规模融资,刚刚起步的清华企业集团面临资金短缺的严重制约,只好把眼光投向资本市场,酝酿改制上市。

改制上市的基本方案是,企业集团以控股股东的身份着手校企资产重组、股份制改造,创造条件上市直接融资。当时国家对企业上市有严格规定,高校的企业还没有上市先例。为此,王大中直接出面拜访证监会领导,介绍清华科技产业状况和发展前景,并终于取得证监会领导的支持,清华拿到了一个上市指标。

为尽可能扩大上市融资的受益面,当时有两种方案,一是让已经取得一定社会知名度的清华紫光系企业上市，二是将紫光系以外发展前景看好的校办企业重组一个新公司先行上市，以后再争取紫光上市。王大中和领导班子再三权衡，采纳了"丑女先嫁"的第二方案。经过合并重组，新公司定名"清华同方"。

"同方"二字典出《礼记·儒行》中"儒有合志同方"，清华园早期建筑"同方部"寓意志同道合者相聚的地方，以此作为清华企业的"文化胎记"，独具匠心。

1997年6月27日，清华同方在上海证券交易所成功上市，标志着清华校办产业进入了"技术加资本"的新阶段。从1980—1996年，清华产业苦心经营积累的"家底"约4亿元，而同方在三天内融资3.5亿元，为培育高科技产业发挥了巨大作用。

第三步，壮大以高科技为主干的实体经济成分。大型集装箱检测系统就是引人注目的一个亮点。该系统是清华工物系完成的国家"八五"攻关项目，拥有全部核心技术的自主知识产权。用它检查一只集装箱仅需短短两分钟，而当时全球投入使用的不足10台。

如果抓紧实现产业化，我国完全有优势抢占一大块市场。为此，学校在1997年7月决定成立清华同方核技术公司，利用同方上市募集的资金加速集装箱检测系统的产业化，形成了以"同方威视"为品牌的集装箱检测系统成套装备产业。目前，集装箱检测系统系列产品已销往130多个国家和地区，占有主要市场份额，为国际社会打击走私犯罪、保障国际安全作出了显著贡献。

继同方之后，清华紫光、诚志股份先后于1999年、2000年在深交所上市。这样，清华拥有了同方、紫光、诚志三家控股上市公司，实现了学校的无形资产、高新科技与资本的有机结合，清华产业"技术＋资本"的运作打开新局面。1994—2001年，清华产业的营业额增长了18倍，首次突破百亿大关，达到104亿元；利润增长了10倍，总资产增长了37倍。

### 从校办企业到校有企业

大学办企业,承担着"无限责任"风险。在风云变幻的市场竞争中,中国高校企业出问题的案例不断,累及国家资产和大学声誉。如何降低和规避市场风险,成为高校带有普遍性的体制问题。

2001年春,李岚清副总理针对大学校办企业出现的问题作出重要批示:"一些高校校办高科技产业有了长足的发展,但有两个问题亟待解决:一是校企关系不清晰、不规范,企业本身也还没有实行现代企业制度;二是高校对企业只有投入机制而无撤出机制,因教育科研经费投入后无法撤出回收投资而影响教育经费的再投入。"

根据批示精神,王大中决定,清华主动向上级部门提出校办企业规范化建设试点申请。随后,国务院决定在清华、北大试点。当时,清华、北大的产业规模占全国高校产业规模的一半以上,试点对于全国高校产业的规范化管理无疑有着重要意义。

试点工作领导小组由国务院副秘书长牵头,国务院体改办、教育部、国家经贸委、财政部、证监会等9个部门和清华、北大参加。开始,各部委对高校产业的意见很不一致,争论非常激烈。在教育部支持下,清华准备了《试点指导意见》草稿。领导小组全体成员经过对两校重点企业的实地考察,意见渐趋一致。《试点指导意见》先后修改7次,由清华负责执笔,吸取了清华加强校办企业规范化建设的许多有益经验。

2001年11月1日,国务院办公厅下发《关于北京大学清华大学规范校办企业管理体制试点指导意见》(国办函〔2001〕58号),要求清华、北大抓紧组织实施。这是国务院在2001年批准的第八个关于国企改革改制的文件,受到全国高校和社会的关注。

根据《意见》精神,学校重组独资公司。少数几家符合条件的企业,由本校公司收购或进行股份制改制,其余系办公司及其分公司全部撤销,并进行清产核资和资产剥离划转。至此,清华校办产业中不再存在无限责任性质的独资企业。同时,实行校企分开,逐步取消校办企业的"清华"冠名。

为了真实体现学校控股企业的资产属性，清华大学向教育部提出申请，将改制之后的"清华大学企业集团"更名为"清华控股有限公司"。2003年4月，国务院复函教育部，同意清华大学出资设立国有独资的清华控股有限公司。同年12月，清华控股正式成立，标志学校产业规范化建设试点工作全面完成，实现了从"校办企业"到"校有企业"的根本转变。

王大中认为，对中国高校经办科技产业是否符合教育规律问题存在争议是正常的。在改革开放进程中，中国部分大学出现的科技型企业，是大学功能演变的产物。其未来走势，自有未来的客观时势决定。有人从统计学角度总结说，世界上难以找到基业长青的企业，却可以看到长盛不衰的大学。这是因为企业都受制于商场博弈中特有的兴衰律，而大学既是人类文明的产物，又是承继和推动人类文明进程的知识库和动力源。因此，只要现代大学的开放式格局没有改变，即使现行模式的校办产业消亡，也会如"凤凰涅槃"一般，演化出新的功能结构，继续履行那个时代大学对社会的服务使命。

## 二、清华科技园的成功之路

2009年底，清华科技园举行了创建15周年庆祝活动。已卸任校长多年的王大中应邀陪同北京市委书记刘淇、市长郭金龙等领导参观了科技园"创新之路"成就展。接着，又和全国人大副委员长华建敏以及教育部、科技部有关领导，国际科技园协会主席琼·贝拉维斯塔（Joan Bellavista）等一起出席了庆祝会。

历史不会忘记，王大中作为时任校长，在规划清华产业发展的同时，以创办科技园的决策开辟了开放办学的另一个重要舞台。

清华科技园自1994年创建至今，累计孵化企业超千家，培育了大批优秀企业，其中钻石企业36家，金种子工程企业20家，海兰信、数码视讯等14家企业成功上市，多家企业成功实现并购；累计20人入选国家"千人计划",26 人入选北京市"海聚工程",24 人入选"高聚工程"。如今的清华科技园,不但是我国唯一的 A 类国家大学科技园和全球规模最大的大学科技园,而且是国际公认的最好的大学科技园区之一。

### 斯坦福园区的启迪与清华科技园的起步

美国的硅谷闻名遐迩,但少有人知道,"硅谷神话"源自斯坦福大学早年推出的校内闲置土地开发计划。该计划允许创业者(多为斯坦福校友和师生)在其闲置土地上以租地方式建办公设施,并引入风险投资机构助推创业。学校源源不断为园内企业输送人才、信息和技术,从而形成一个"对产业和大学都有利的社区"——斯坦福产业园。可以说,斯坦福产业园就是硅谷的"孵化器",而硅谷高科技产业则是前者的"放大和升级版"。

1993 年初,清华领导班子就开始筹划建设科技园,试图突破当时科技成果产业化中的体制机制障碍,促进产学研合作,改进学校的功能分区,集中校办企业场所,并改善校园周边环境。这一设想和北京市发展"海淀新技术开发试验区"的意图不谋而合。不久,北京市委市政府到清华现场办公,同意清华科技园的定位、选址、规划,将其列为"北京市重点建设项目",要求市政府各部门和海淀新技术开发试验区给予支持,并决定将清华东门外 22 公顷土地作为科技园建设用地。

首当其冲的是资金问题。土地购置和拆迁费用现在来看并不算高,然而对"身无分文"的清华科技园来说则是一个天文数字。当时国内有一些高校在探索建设科技园,由于没有资金,只好引入外部投资方,看似解决了资金来源,学校却失去园区建设主导权,搞成变相的房地产开发,背离了创建高新技术企业"孵化"基地的初衷。

王大中接任校长之后,学校把科技园建设问题列为 1994 年产业工作怀柔会议议程,通过专题研讨,在若干重要问题上形成共识。

首先是明确清华科技园的发展定位。根据美国硅谷、北卡罗莱纳、日本筑波、台湾新竹等高科技园区"以大学为核心,以创新为宗旨"的成功经验,王大中提出,清华科技园必须"以孵化科技成果和高新技术企业、培养科技和企业人才为宗旨,争取成为国内一流、世界知名的高科技园区"。

学校确定了科技园建设和运营的主要方针:一是科技园应作为海淀新技术开发试验区的一部分,享受相关优惠政策;二是园区选址校园东南部,成为学校开展对外高端中介服务的主要基地,同时改善校园周边的基础设施和人文环境;三是学校要始终掌握园区建设主导权,严格按照园区功能定位对开发建设进行全程监控;四是科技园建设和运营应坚持企业化模式。

怀柔会议之后,学校成立了清华科技园规划建设委员会,王大中担任主任,亲自负责科技园发展重大问题的决策。同时,组建法人企业"清华科技园发展中心",抽调校长办公室主任梅萌担任中心主任,负责科技园的开发、建设和管理。这一连串的动作,标志着清华科技园建设正式启动。

### 稳中求进,滚动式开发

初建的清华科技园发展中心从学校借出 400 万元注册资金,注册后就陆续返还学校,能够运作的资源就是学校东南面的两块建设用地。其中一块用于同方大厦建设,剩下的一块作为科技园首期工程"学研大厦"建设用地。这里成为清华科技园的发祥地。

科技园建设资金短缺,当时有一家很有实力的房地产开发商找到学校,希望开发和经营科技园的房地产。王大中和班子成员听完汇报,当即回绝。王大中多次强调,科技园建设要抓住主旨不动摇,坚持统一规划,分步建设,步步为营,宁可放慢速度,也不能偏离定位。根据这一方针,科技园采用贷款拆迁、盖楼,再以大楼抵押贷款,进行下一轮建设的滚动开发。从 1995—1998 年,科技园 12 万平方米的起步区工程陆续完工,于 1998 年 10 月正式开园,首批 11 家企业入驻。

随着全球信息产业蓬勃发展,党中央、国务院于 1999 年作出"支持发展高等学校科技园区"的重要决策。清华科技园被纳入中关村科技园区总体规划。2000年,学校批准了《清华科技园发展纲要》,确立了建设世界一流大学科技园目标,制定了发展规划。同年,由科技园发展中心、同方、紫光等多家公司联合组建清华科技园建设股份有限公司,何建坤兼任董事长,梅萌、段永基任副董事长,徐井宏任总裁,按照"国际化,支撑平台,辐射发展"方针,探索商业地产和科技园建设相结合的投融资模式,全面负责科技园的开发、建设、经营与管理。

与此同时,科技园软环境建设快速跟进,风险投资机制、人力资源服务和技术服务等中介服务体系不断完善,形成中小企业开发指导中心、创业中心和孵化基金等三大服务功能模块。创业园被批准为"北京市高新技术产业孵化基地",入园企业超过200家,起步区的在建办公设施被预订一空。

2000年,校长王大中(前排右四)、原校党委书记李传信(前排右三)、原校长张孝文(前排右五)、常务副校长何建坤(后排右六)、校长助理荣泳霖(后排左三)参加清华科技园建设股份有限公司揭牌仪式。

2003年10月，清华科技园被科技部、教育部认定为唯一的A类国家大学科技园。2004年，科技园建设股份有限公司更名为启迪股份有限公司。2005年7月，科技大厦竣工，总面积69万平方米的主体园区基本建成。至此，一个以主体园区为中心联接跨区分园和基地、以面向客户的创新服务体系为纽带的国家级大学科技园出现在清华周边，形成推动科技创新、创业的强大集聚效应。

### 以聚促变，创新图强

在具备了硬件条件后，清华科技园将工作重点转移到软环境建设，确立了"科技成果转化基地、创业企业孵化基地和创新人才培育基地"的园区功能定位，提出并积极实践聚集、聚合、聚焦、聚变的"四聚"发展模式，为企业提供创新孵化服务，并成为国内创业孵化企业普遍采用的运营模式。

聚集，就是空间聚集、企业聚集、技术聚集、人才聚集。

聚合，包括产学聚合、产产聚合、产介聚合、政产聚合，从而打造"政、产、学、研、金、介、贸、媒"等创新资源高度融合的创业环境。

聚焦，则是把技术、人才、资金、市场等各类资源集中投入到优势行业和企业中去。

通过聚集、聚合、聚焦，从而聚变出一批世界级的企业、一批世界领先的核心技术和一批极富创造力的创新人才。

清华科技园的国际知名度和影响力不断提升，2002年获得荷兰科学联盟"科学孵化器最佳实践奖"，2006年当选为世界科技园协会13个常务理事会成员和亚太分会主席单位，进入世界一流大学科技园之列。曾有多位党和国家领导人以及外国政要亲临清华科技园视察。

世界科技园协会总干事路易斯·桑兹（Luis Sanz）认为："清华科技园是我所见过的建设得最好的科技园之一"，"是一个非常好的成功典范"。2007年，美国著名的三角科技园总裁韦迪（Rick Weddle）对来访的清华科技园负责人表示："过去的50年，是你们向我们学习的50年，今后的50年，应该是我们向你们学习的50年。"微软公司创始人比尔·盖茨（Bill Gates）则指出："大学应该更多地为科技创新作贡献。我认为世界上有两个地方做得最好，一个是硅谷的斯坦福，另一个是清华科技园。"

历经20年的发展与探索，清华科技园从小到大，从弱到强，形成"以聚促变、创新图强"的鲜明特色。北京主园区是世界上单体最大的大学科技园，总面积77万平方米，入驻企业超过400家，其开发建设、运营管理经验也被成功地复制到上海、南京、昆山、西安、咸阳、广州等国内近20个城市和地区。

目前，清华科技园已经成为跨国公司研发总部、中国科技企业总部和创新创业企业的聚集地。同时，清华科技园也成为学校服务社会、推动区域自主创新的重要平台和世界科技园行业的知名品牌。

### 三、促进区域合作，服务地方建设

清华在国家重大科技攻关、重点工程建设等方面素以人才和科技的贡献著称，同时，以各种方式支持地方经济建设，但过去主要局限在技术服务范围。到90年代初，清华每年取得200多项科研成果和100多项发明专利，但其中真正走向市场的并不多。

王大中担任清华校长之后，下决心解决科技成果和产业化之间的断层问题。在发展学校高技术产业、创办大学科技园的同时，学校调整思路，确立面向重点区域推进科技成果转化的方针，形成"两东（广东、山东）、两江（江苏、浙江）、两北（北京、河北）"等地区合作基本格局。2000年以后，学校响应党中央提出的西部大开发战略，把西部地区纳入区域合作的重点。

在区域合作棋盘上，清华首先看中广东，并选择深圳先手落子。

### 建立深圳清华大学研究院

1994年，常务副校长梁尤能针对当时学校纵向科研比较饱和的情况，提出要去各地联系、加强横向合作，得到王大中和班子的积极支持。

于是，梁尤能和科技处处长冯冠平带着30多人专程到广东多地考察。首先选择广东，是因为那里是改革开放的前沿。根据考察情况，学校决定筹集300万元设立国内首家省校合作风险投资基金"广东—清华创业基金"，来推动省校横向科技合作。

深圳作为经济特区，自然引起清华的关注。当时深圳市第二次党代会提出要腾飞，把高新技术产业列为发展重点。杨家庆副校长了解到这个情况，向王大中和班子建议，清华应该抓住机遇、"乘虚而入"。

1996年初，杨家庆赴深圳，见到市委领导，谈了学校的想法。深圳市委表态支持清华在深圳建立一个研究院，并表示清华提什么方案，深圳都会支持。市委定调后，杨家庆和研究生院副院长林功实带领团队具体讨论方案、模式、选址。

清华在深圳设点的机会基本成熟。当年7月，王大中致信深圳市领导，提出清华与深圳合作的基本思路。经协商，双方一致同意在深圳共建研究院实体机构。

1996年12月，王大中校长和李子彬市长在深圳签署了合作建立深圳清华大学研究院协议。研究院实行理事会领导下的院长负责制，深圳市领导和清华常务副校长杨家庆分别担任首届正、副理事长，杨家庆兼任院长。次年4月，在深圳高新技术工业村的一片荒草地上，举行了研究院办公大楼奠基仪式。

1998年，学校任命校长助理兼科技处处长冯冠平担任深圳研究院常务副院长。冯冠平熟悉学校科技情况，富有开创精神和资源运作能力。临行前，王大中和他交谈了研究院发展思路，提出四个要求：筛选、研发拥有自主知识产权、面向市场的科研成果；加速科技成果转化；培育高科技企业；培训高层次人才。同时希望他放手去干，特别要注重体制

1996年12月21日,王大中和深圳市长李子彬(右)签署合作建立"深圳清华大学研究院"协议。

机制创新,为研究院闯出一条新路。

冯冠平和同事们不负众望,通过在实践中学习和探索,快速完成角色转换,成为勇敢的拓荒者和富有成效的创业者。在市校双方的支持下,研究院克服了一个又一个困难,在科技成果和市场"嫁接"、技术咨询、人力资源和投融资服务等方面,形成高技术企业孵化器的优质服务平台。由于抓住资本市场难得的历史机遇,研究院在初创的第一个5年就以成功的高技术孵化器效应闻名远近,并以技术资本和金融资本相结合的成功运作实现了创业资本的扩张。

在2003年"非典"突发的情况下,研究院快速反应,把应对危机变为促进发展的一个重要转机。4月11日,胡锦涛总书记视察深圳清华大学研究院,针对严峻疫情,希望研究院能够开发体温测量仪,以便从人群中快速识别发烧患者。研究院组建了一支"快速反应部队",10天内就研制成功"非接触式红外快速体温检测仪",并迅速在全国投入使用,为防范"非典"发挥了积极作用,并在2009年全国抗击甲型H1N1流感疫情的斗争中继续发挥积极的作用。这些贡献为研究院和清华大学赢得了良好的社会声誉。

在快速发展的过程中，研究院积极推进管理体制和运行机制创新，形成一种具有独特文化色彩的实体运行模式，被称为"四不像"：

——既像大学又不完全像大学，两者文化不同。研究院的文化既有植根于清华的大学精神和文化元素，又有融入特区、崇尚创新创业文化而形成的追求"创新、求实、严谨、包容"的文化特色；

——既像研究机构又不完全像研究机构，两者功能不同。与清华校内的绝大多数研究院（所）不同，深圳研究院除了开展科技研发，还坚持把科技创新、人才培养、管理服务和创业投资等功能融为一体；

——既像企业又不完全像企业，两者目标不同。研究院实行企业化运作，无疑要追求市场回报和效益增长，但又不同于一般企业，也要着眼于为区域创新和创业体系贡献力量，强调社会效益和经济效益并重；

——既像事业单位又不完全像事业单位，两者机制不同。虽然研究院是深圳市政府直属事业单位，但按照市、校合作协议，其事业编制人员只能吃三年"皇粮"，之后市财政就不再给钱了，需要自己找饭吃。

继深圳清华研究院之后，北京清华工业开发研究院、河北清华发展研究院以及浙江清华长三角研究院相继成立。这些研究院以省校合作为基础，根据各自区域发展的不同基础和需求，探索着相应的科技创新资源集聚和孵化模式。

### 服务西部大开发的奉献

进入新世纪，党中央作出了加速西部大开发的战略决策。清华领导班子决定把服务西部大开发列为学校服务地方建设的重点之一。

清华水利系刘光庭、谢树南等教授为新疆石河子碾压混凝土薄拱坝建设付出了巨大心血。这是世界上首座实用新型碾压混凝土薄拱坝工程（美国当时只有一个示范坝）。这种新型坝工结构既保证安全性，又可以降低建设成本。但是水坝处于我国地震高发、气候高寒地带，工程设计难度很大。在自治区党委的支持与协调下,通过方案评选程序,由清华承担起大坝工程设计。

设计方案出来之后,自治区的工程建设专项预算和工程造价相差了近5000万元缺口。谢树南教授回到北京后,向水利部领导汇报了新疆这一重要的水利工程遇到的资金缺口困难。水利部领导根据中央西部大开发战略决策,帮助协调资金筹措,解决了工程上马的燃眉之急。

新疆维吾尔族自治区领导、群众被清华教授们的服务精神和务实作风深深感动。大坝工程开工时,自治区领导亲自出席开工典礼,向专程前来的清华党委书记贺美英表示感谢。

经过工程建设者的奋力拼搏,工程如期竣工并且同时蓄水。自治区领导对前往祝贺的清华党委书记陈希说,清华帮助我们设计,还帮我们解决资金缺口,这是清华服务西部大开发的一座丰碑,新疆人民永远不会忘记。若干年后,这项工程设计荣获国家科技进步二等奖。

在西部大开发热潮中,清华还承担了乌鲁木齐现代国际商贸城的总体规划,由学校科技开发部、城市规划院和21世纪发展研究院的教授们组成专门工作班子,在规划预算经费十分紧张的情况下,教授们几乎没有个人劳酬,对乌鲁木齐的产业结构、城市建设布局作出系统规划和预期评估,为乌鲁木齐市委、市政府和市人民代表大会通过该市的发展规划提供了重要的决策依据。

在西部大开发热潮中,清华城市规划院等单位的骨干教师参加了中央有关部委组织的西部地区旅游资源开发和保护规划,足迹遍及新疆、西藏、青海等广袤地区,他们历尽各种艰难险阻,为西部地区旅游资源、生态环境的保护和开发付出大量心血,作出实实在在的贡献。

根据中央领导的指示,清华承担了对口支援青海大学的任务。自21世纪初至今,清华的李建保教授、陈强教授、梁曦东教授和工程院院士王光谦教授先后出任青海大学校长。在王大中校长任上,清华成立了岑章志副校长牵头的领导小组,协调校内相关学科的师资力量和各种资源,认真落实对口支援的每一项任务,赢得青海省领导和青海大学师生的高度评价。

### 创办清华深圳研究生院的尝试

在深圳清华研究院初创时期，深圳市领导就下决心引入国内名校办学资源。2000年1月，受深圳市委邀请，王大中校长等清华领导到深圳访问，市领导提出创办深圳大学城的构思，热诚希望清华、北大首批入驻办学。

清华领导班子经过慎重研究，同意在深圳举办研究生教育，并向教育部和深圳市表明，这是清华大学在国内唯一的异地办学机构。2000年10月，深圳市政府与清华大学签署合作协议。2001年4月，教育部批复同意。同年6月，清华大学深圳研究生院成立，两年之后，迁入西丽湖畔的大学城。

经过10多年的不断探索和艰苦奋斗，清华深圳研究生院从小到大，

2003年12月7日，王大中（右二）到清华大学深圳研究生院调研，深圳研究生院院长关志成（左二）陪同。

从弱到强,在人才培养、学科建设、科技创新和服务地方等各方面开拓进取,已在深圳落地扎根,蓓蕾初绽。截至 2013 年底,深圳研究生院累计招收培养各类研究生 9000 余人,向社会输送毕业生 4200 余名。从毕业生的论文质量、综合素质能力、就业创业状况和发展质量等方面多年的统计评估来看,深圳研究生院的人才培养和学校本部保持"同一品牌"的目标基本实现。

同时,深圳研究生院对深圳以及珠三角地区的人力资源提升发挥了显著作用。截至 2013 年底,举办各类高级研修班 300 余期,累计培训地方党政干部和企业中高层管理人员 2 万余人。以民营高技术企业、金融证券到房地产等行业的高级管理人员为培训主体,形成了颇具规模效应的行业同学会及校友组织,对促进行业优势整合和产学研合作,助推科技成果转化和加强企业文化建设等产生了积极的推动作用。

在科技创新方面,深圳研究生院通过多学科协同形成了跨学科组织架构,以生命健康、能源环境、信息科技、物流交通、先进制造、海洋科技、社会科学与管理等 7 个学部为依托,涉及 22 个一级学科和学校本部 24 个院系,构成了人才培养和科技创新的大平台。到 2013 年底,累计科研经费达 8.5 亿元,高水平论文和授权专利稳步上升,获国家级、省部级奖励 100 多项。2006 年 6 月,该院还产生了深圳第一篇、广东第三篇发表在《自然》杂志的高水平论文。

与此同时,深圳研究生院已经成为深圳市和港澳台地区以及国际名校、著名跨国企业、研究机构开展教育、科技和文化交流的重要舞台,不但使深圳大学城学术氛围越来越浓厚,而且为深圳建设国际大都市开拓了广阔的通道。

2012 年岁末,王大中重访深圳"两院"。他说,学校和深圳的合作是一种历史机遇,机遇总是和风险并存,当初学校的决策带有一定的风险,现在看来,你们已经迈出成功的第一步,确实不容易,相信发展前景会更好。

## 四、创建教育基金会，拓展捐资兴学渠道

在计划经济时代，清华的教育经费一向是"被计划"的。改革开放以后，广东、福建一带的侨乡出现了华侨捐资办学的热潮。相比之下，地处京城的清华难免落寞，办学经费的短缺成为掣肘历任校长的首要困扰。

1993 年，清华总会计师陶森看了一本由美国 58 所大学合编的《事务管理》（Business Management），该书大部分篇幅是讲大学争取社会捐资及大学基金运作。书中介绍，美国大学平均接受的社会捐款占学校收入的 17%，像哈佛大学拥有高达数百亿美元的基金，基金运作收入通常在学校年度预算中占 20% ~ 30%。陶森向时任校长张孝文建议争取成立基金会，补充学校发展的资金急需。学校党委经反复斟酌，决定启动基金会筹建工作。这是新中国成立以后中国大学建立教育基金会的首次尝试。

经过许多曲折和不懈努力，清华大学教育基金会于 1994 年 1 月获得国家批准并于 4 月正式成立，已经接任清华校长的王大中被推举为理事长，常务副校长杨家庆任副理事长，总会计师陶森任理事，并调黄建华任秘书长。自此，清华教育基金会在开放式办学中扮演着日益重要的角色。

1994 年底，王大中首次以清华校长身份赴美考察时，随行人员就有陶森，此行重点考察的内容之一就是美国大学基金会。在加州大学伯克利分校、哈佛大学和麻省理工学院，代表团详细了解大学基金会的筹集和运作。王大中让陶森重点考察麻省理工学院基金会的运作经验，为初创的清华教育基金会提出发展思路。

### 化解历史纠结，打通海外捐资兴学的"脉络"

20 世纪 90 年代，我国内地还不具备社会捐资兴学的条件，王大中和学校一开始就把目光投向香港，但首先遇到的是一个历史"纠结"。

事情要追溯到几年前，清华接受香港实业家邵逸夫先生捐款，资助图书馆的三期建设。按照海内外惯例，学校方面同意将新馆命名为"逸

夫馆",但建成之后却出现分歧。有一种意见认为捐款只占新馆建设经费的一部分,冠名不妥,甚至还联系到"姓社姓资",新馆命名就被搁置下来,此事在香港实业界产生了负面影响。当学校决定面向香港争取捐赠时,党委统战部部长虞石民等向王大中汇报了这一历史"纠结"以及一些香港爱国人士和校友的微词。

王大中意识到,这个"纠结"必须尽快化解,否则在香港筹款将遇到很大阻力。学校决定不提以往争议,将图书馆新馆命名为"逸夫馆"。1994年校庆期间,学校举行了简朴而隆重的命名仪式,邵逸夫先生的夫人应邀出席。德高望重的清华原党委书记李传信专门出席,使王大中和校领导班子成员深受感动。

1996年,邵逸夫先生再次向清华捐赠人民币2000万元,学校用这笔捐款和国家"211工程"专项拨款配套,新建了2.7万平方米的"逸夫技术科学楼",使工程力学和新组建的材料等学科的硬件环境得到根本的改善。

1994年4月,王大中在"逸夫馆"命名典礼上致辞。

### 爱国重教,港台企业家捐资助学

在王大中校长任上,清华尽管有"211工程""985工程"的国家财政支持,但面对历史"欠账"和建设世界一流大学的战略目标,资金缺口依然较大,特别是基建缺口最为严重。这一时期,海外捐资无异于"雪中送炭"。如今矗立在清华园的明理楼、FIT楼、蒙民伟楼等许多建筑物,成为那个时期海外捐资兴学的重要见证。

1993—1994年,香港著名金融家梁銶琚先生先后两次捐资赞助,加上国家专项资金配套,清华建成建筑新馆大楼。为此,时任国务院总理李鹏以"热心公益、发展教育"题词对梁銶琚先生予以褒奖。此后,梁先生又向清华捐款港币1000万元设立"梁銶琚博士图书基金",并和利国伟、何善衡、何添各捐款1亿元港币共同成立"何梁何利基金",用于奖励有杰出成就和卓越贡献的中国科学家。鉴于梁銶琚先生在业界的杰出成就和对祖国科教事业的支持,清华于1994年授予他名誉博士学位。此外,前面提到的洁华幼儿园则是由梁銶琚先生之女王梁洁华女士资助,1999年落成。

"伟伦学术交流中心"、"伟伦楼"和"伟伦馆",则是由香港恒生银行董事长兼总经理利国伟先生和夫人易海伦女士捐资兴建。"伟伦学术交流中心"于1990年建成。经济管理学院"伟伦楼"于1997年落成,成为清华主校门区域新楼群的标志性建筑。2000年在出席生命科学馆"伟伦馆"落成典礼之际,利国伟先生又决定

1994年,王大中(右二)和梁銶琚先生(右三)在梁銶琚名誉博士授予仪式上。

1997年5月，王大中（左二）和全国政协副主席钱伟长学长（左四）、利国伟先生（右四）及夫人易海伦女士（右二）共同为伟伦楼落成剪彩。

赞助清华设立"伟伦特聘访问教授"，用于吸引高水平文科学者短期来校工作。2001年，利国伟先生还捐款设立基金，每年以利息支持经管学院建设。

香港永新企业有限公司董事长曹光彪先生是一位有着赤诚爱国之心的著名企业家。只要是清华发展、祖国急需的项目，他都果断决策，并不遗余力地给予支持。1996年，他捐1000万港元设立"清华大学曹光彪高科技发展基金"，支持基础研究，奖励优秀青年教师和相关科研及专利申请项目，至今已成功运作近20年。1997年，他捐资帮助清华建立远程教育中心。2001年，清华90周年校庆之际，曹光彪先生又慷慨捐赠5000万元建设综合体育馆，以解学校燃眉之急。2011年清华百年校庆时，他为高科技发展基金追加了捐款。此外，他还是第一位以个人名义支持清华大学讲席教授基金的捐赠人，帮助学校聘请美国哈佛大学何毓琦教授领衔的自动化系讲席教授组。

伍舜德先生生前是美心集团董事长。他艰苦创业，克勤克俭，但为祖国教育事业却慷慨捐资。伍先生及其家族先后为清华捐建了建筑设计研究院"伍舜德楼"、公共管理学院"伍舜德楼"、高企培训中心"舜德楼"等多座建筑，他和夫人还发动亲友为清华贫困生筹集助学金。2003年去世前，他决定再向清华捐资建设生命科学与医学大楼。2006年，台湾宝成集团总裁蔡其瑞、香港李锦记集团主席李文达、香港信兴集团主席蒙民伟和伍舜德共同捐建的生命科学与医学研究院大楼交付使用，学校把其中一个独立区域命名为"伍舜德楼"，以铭记这位热爱祖国、情系清华的杰出企业家。

蒙民伟先生1946—1948年在清华航空系学习，1953年在香港创办信兴行。历经几十年拓展，信兴行成为规模庞大的信兴集团。他始终不忘母校培养，十分关心清华发展。从1995年首笔捐赠100万美元资助建设学生文化活动中心"蒙民伟楼"开始，直到2010年病重之时，他仍然惦记着母校新百年发展，决定再度提供一笔大额捐款。20年间，蒙民伟累计捐款3亿多元人民币，支持建设了理科馆、医学系统生物学研究所、脑疾病神经中心、蒙民伟音乐厅和蒙民伟科技大楼等，对于改善办学条件作出了重要贡献。此外，他还捐款支持清华等内地高校与香港大学的交换生项目。

香港杏范教育基金会主席、1941级老校友熊知行学长2001

2000年10月，王大中为伍舜德先生（右）授予名誉博士学位。

年捐款 60 万美元以支持兴建清华的老年学研究中心"熊知行楼"。

真情相续，故园增辉。在王大中校长任上，校园基础设施建设既得到国家专项资金支持，又得到以港澳台企业界为主体的大量赞助，使得办学条件得到快速改善和提升。新土木馆"何善衡楼"、法学院"明理楼"、第六教室楼"裕元楼"、化学系"何添楼"和"伟清楼"，分别是由香港何善衡慈善基金会、香港中信泰富有限公司主席荣智健、台湾裕元集团、香港银行家何添、香港伟清创新科技有限公司董事局主席李贤凯捐款和学校注资共同兴建的。

除了捐资赞助学校基础设施建设，曹光彪、李嘉诚、郑裕彤、李贤凯等港澳台地区许多实业家还热心资助学术研究，不但设立奖、助学金，奖教金和讲席教授席位，而且捐赠教学、科研仪器设备等。

所有这些捐资资助，都对清华的学科建设、教学条件改善、高端人才引进和科技创新水平提升发挥了"雪中送炭"和"锦上添花"的双重作用。他们在清华迈向世界一流大学的征途上留下的历史性标志和厚重期盼，也必将激励清华学子发奋图强，不断攀登新的高峰。

### 第一家大学教育基金会的快速发展

2003 年王大中卸任校长时，清华教育基金会 10 年间累计筹款折合人民币约 13 亿元。

继王大中之后，贺美英担任基金会理事长。在她和副理事长杨家庆等的共同努力下，到 2012 年底基金会已累计收到社会捐赠逾 46 亿元，累计项目支出逾 30 亿元，净资产近 23 亿元。累计资助百余种奖、助学金，新建 30 多个教学科研基础设施，增添和更新了科研和教学设备。基金会还投入 1 亿元人民币设立"人才基金"，用于世界级师资的引进。设立研究基金，瞄准世界学术前沿。2008 年被民政部评为"4A 级社会组织"，这是当时我国非公募基金会得到的最高评级。

近年来，由于我国经济社会持续快速发展和清华的国内外声誉不断提升，在教育基金会接受的各类捐款中，除港澳台外，来自内地和校友的捐款比例明显提高，此外在欧美争取捐赠也有了较大突破。2013年6月，清华教育基金会被国家民政部评为"5A级社会组织"。截至2013年底，基金会累计获得捐款总额达60多亿元人民币。

随着中国经济、政治、社会管理等各方面深化改革，清华教育基金会的发展潜力和前景毋庸置疑。日益壮大的清华教育基金，必将为学校建设世界一流大学发挥更为重要的作用。

## 五、在世界一流大学"俱乐部"中崭露头角

在当今世界上，大学之间的广泛交流与合作成为经济全球化的重要特征之一。对未知世界的探索，对人类共同面临的资源、能源、环境、生态等问题的关注，对跨文化背景的人才培养的重视等，往往成为世界名校之间优选的合作领域。

清华自创校起就有国际交往的历史渊源，自20世纪80年代开始，又是国家改革开放的先行者和受益者。在王大中校长任上，清华以空前的开放格局迈上世界舞台，在世界一流大学"俱乐部"中崭露头角。

### 建立可持续的国际交流合作平台

20世纪90年代以来，世界各国越来越多的研究者在研究能源和经济二元系统的基础上，引入环境因素，从资源、人口、安全、能效和环境等不同角度对全球能源问题进行综合研究。

1999年在哈佛大学召开的中美大学校长会议期间，王大中和哈佛大学陆登庭（Neil L. Rudeustine）校长共同签署了在能源环境领域加强合作的文件。随后，两校在北京共同举办了"中美经济、能源与环境学术研讨

1998年3月23日，王大中接待哈佛大学校长陆登庭（左）来访，副校长关志成（右）陪同。

2001年4月，王大中接待来访的耶鲁大学校长莱文（左）。

会"，和其他合作伙伴一起开展经济、能源与环境问题的长期合作研究。同年，清华和日本庆应大学联合建立了能源—环境—经济研究院（简称"3E研究院"），随后又开拓了互联网领域的合作研究。清华与麻省理工学院学科专业比较接近，科技合作早有基础。为发展低碳能源、应对气候变化，清华于2009年又和麻省理工学院、剑桥大学共同成立了低碳能源大学联盟，在国际上引起广泛关注。

目前，清华已经与40多个国家和地区的200余所著名大学签订了合作协议，和麻省理工学院、哈佛、耶鲁、康奈尔、剑桥、牛津、东京大学等世界一流大学建立了战略伙伴关系。每年都有境外著名大学校长来校访问。

从90年代开始，清华有选择地参加区域性多边大学合作组织，如环太平洋大学联盟（APRU）、东亚研究型大学协会（AEARU），形成了双边、多边和集群结合的全方位国际合作交流格局。

和世界名校的科技合作与学术交流，促进了以教授为主体的教师互访和讲学，清华师资队伍的国际化背景不断加强，来自世界名校的学术领军人物走进清华课堂，越来越多的清华学术新秀活跃在世界名校的学术讲坛和课堂上。

### 与世界一流大学联合培养高层次人才

在王大中校长任上，清华进一步拓展多种形式的国际合作办学，形成跨国进行高端人才联合培养新模式，以下仅列举其中若干项目。

1996年，清华经管学院与麻省理工学院斯隆管理学院联合开展了国际工商管理硕士（IMBA）项目，双方师资共同授课，学生毕业后不但获得清华的学位证书，而且获得斯隆学院的课程学习证书和麻省理工的全球校友身份。这是清华与国外一流大学最早的联合学位项目。此后，清华经管学院又与哈佛商学院、巴黎高等商学院等合办培训项目。从2001年开始，清华受中组部委托，由公共管理学院与哈佛大学肯尼迪政府管理学院等单位合作，到2012年已承办了11期公共管理高级培训班，培训厅局级以上干部500多名，在国际上引起关注，被誉为中国干部境外培训的一种新模式。

根据中国与联邦德国政府教育主管部门1999年签订的双向联合办学协议，清华与德国亚琛工业大学于2001年开始联合培养研究生。亚琛工大是世界一流的工科大学，先后培养了5位诺贝尔奖获得者。2004年，清华—亚琛工大联合培养项目首批获得清华和亚琛工大学位的清华学生毕业。亚琛工大校长劳赫（Burkhard Rauhut）教授表示，两校联合培养的毕业生在全球范围内都很有竞争力。到2009年，双方已互派七批学生，其中清华派出170名学生赴德，亚琛工大派遣了113名学生到清华学习。伴随中欧合作规模不断扩大，层次不断提升，越来越多亚琛工大的学生竞相参加联合培养硕士项目到清华留学。

近年来，清华和更多的世界一流大学以互认学分、互派交换生、联合授予学位等多种方式开展深度合作,进一步形成了人才国际化培养的新格局。

### 与跨国企业合作:迈向世界一流的另一"风向标"

王大中校长上任之初,亲自谋划组建清华大学和企业合作委员会,并很快把合作范畴扩展到国外企业界,重点和大型跨国公司建立长期稳定紧密的合作关系。

清华主动邀请著名跨国公司和外国企业的董事长、首席执行官等高层来校访问、考察和演讲,进而建立多种形式的技术合作关系。SMC、摩托罗拉、康柏、通用汽车、得州仪器、日立、宝洁等世界级大公司先后和清华建立了紧密的合作关系,从设立奖学金、捐赠设备、委托开发到组建联合研发机构。清华培养的优秀人才和研发的科技成果,对世界著名跨国公司产生了强烈的吸引力。

英国石油公司(BP)2000年开始与清华合作,资助经管学院和哈佛大学为中国企业家举办高级研习班,以及合作举办高级执行官培训班培训来自全球的BP高管。2003年2月,BP捐资50万美元在清华热能工程系建立清洁能源研究与教育中心。同年7月,时任英国首相托尼·布莱尔(Tony Blair)访华期间,专门到清华为中心揭牌并发表演讲。2013年,BP又捐款支持清华创办苏世民书院。

2001年,日立公司在信息学院建立"清华—日立未来先驱IT联合实验室";国际商用机器公司(IBM)和清华联合建立"清华—IBM中国联合创新研究院"。韩国三星集团资助清华和韩国科学技术院(KAIST)合作进行人才培养和科技研发,形成了跨国多边产学研合作新模式。

数年之间,清华与以跨国公司为主体的世界级企业建立的联合研发和培训机构将近40个。1996—2003年,国外及港台企业在清华建立联合研发机构的资金达4.5亿元人民币,年均合作研发项目200多项。

1997年12月，王大中在微软总裁比尔·盖茨（右）演讲会上致欢迎辞。

  部分企业高管受聘担任清华的兼职教授，直接参与主讲前沿课程，与学生分享成长经历、人生感悟和创新思维。例如，微软亚洲研究院把发展企业的理念与学生未来职业发展的需求结合起来，选派专家和清华教师一起为学生开设了13门课程，其中"未来企业家之路"课程吸引了很多学生选修；同时还与学校软件学院联合开展软件创新人才高级训练营等活动，广受学生欢迎。

### 面向世界开放的清华讲堂

  随着我国国际地位的日益提升，清华承担了越来越多重要的外事接待。王大中在校长任上，先后接待过美国总统布什、副总统戈尔、前国务卿基辛格，南非总统姆贝基，菲律宾总统阿罗约，加拿大总理克雷蒂安，新加坡总理吴作栋，科威特王储兼首相萨巴赫，摩洛哥首相阿卜杜勒，圭亚那总理海因兹，蒙古国总理阿玛尔扎尔嘎勒，英国前首相撒切尔夫人，国际原子能组织总干事巴拉迪等外国政要和国际事务重要活动家。大多数演讲者在主题演讲之后都给师生们留出简短的互动时间，清华学生对演讲主题的把握、敏捷的反应、得体的提问，都给客人们留下深刻印象。

在国际学术和教育交流中，登上清华讲堂的国际知名学者更是络绎不绝。仅 2000—2002 年三年间，就有 20 多位诺贝尔奖、菲尔兹奖、图灵奖等国际学术大奖的获得者来清华讲学，与师生面对面交流，使清华学子享有更多的机会直接领略世界级学术大师的风采。

### 乔治·布什的清华演讲

王大中校长接待的外国元首中，美国总统乔治·布什（George W. Bush）2002 年 2 月来清华的演讲给人留下了颇为深刻的印象。

中美两国关系是当今世界上最重要的双边关系之一，布什此行又恰逢尼克松历史性的访华和《中美上海联合公报》发表 30 周年，中美双方都高度重视。布什在华行程中安排了在清华大学的一场演讲。

由于不久前美国遭遇"9·11"恐怖袭击事件的伤痛，美方安全保卫格外严格，也给清华的接待带来一些意想不到的插曲。美方提前派人来清华严格勘察路径和场地，把演讲地点确定在清华主楼大厅内，以自带的防弹讲台和厚重的钢材隔板搭建临时讲台。由于主楼大厅墙上的清华校徽和校训字样比较小，对方为了现场演讲的视觉效果，执意要按照原样放大后重新制作讲台背景，此时离演讲只有一天时间。中方建议由清华美术学院负责赶制，对方并没有拒绝。可是，让人意想不到的是，美方还是连夜把自制的巨大背景屏幕从美国空运到京，赶在演讲开始之前数小时安装完毕。

在布什下车后进入会场的步行路线安排上，美方又是出乎意料地提出，不走主楼正门，要走后面的小侧门。这在中国人看来是不可思议的怠慢，更何况是接待一位国家元首，但美方态度很坚决。中方按照礼节，提出由王大中校长在门外迎接，美方也谢绝了，提出在门里欢迎就行了（事后分析，对方为的是尽可能缩短布什在楼外的停留时间）。王大中和中方接待人员只好也来个反常规的"主随客便"。在这种既重要又敏感的时候，"安全第一"压倒一切。感慨之余，美国人的思维和行为方式，美方安保人员的恪尽职守和务实高效，着实使人印象深刻。

22日上午，在时任国家副主席胡锦涛的陪同下，布什总统进入清华主楼大厅，全场师生报以热烈的掌声。当主持演讲的王大中校长宣布请胡锦涛副主席致辞时，全场再次爆发出雷鸣般的掌声。师生们用自己的方式，向这位为人谦逊、做事低调的杰出校友表示出由衷的敬意和欢迎。

在胡锦涛副主席热情而简洁的致辞之后，布什总统开始发表演讲。他盛赞清华，说很荣幸能够来到中国甚至是世界最伟大的一座学府，说美国人曾经一度只知道中国是一个历史悠久的伟大国家，有伟大的文明，今天我们仍然看到中国奉行着重视家庭、学业和荣誉的优良传统；同时，美国人更看到，中国正日益成为世界上最富活力和创造力的国家之一。

演讲之后，布什总统回答了清华师生

2002年2月22日，美国总统乔治·布什在清华大学演讲。

关于台湾问题、导弹防御系统和教育等方面的提问。在回答有关台湾问题时，布什强调，美国支持一个中国的政策，这是美国长期一贯的政策，到目前为止始终没有改变。会场上清华学生表现出的素质，特别是外语能力和提问水平，得到了海内外各界的普遍赞赏。

或许是回答学生提问比较费神，布什在结束演讲之后似乎急于迈向台下，由于没注意到脚下隔板而一步趔趄，身体前倾。王大中校长当即在旁以伸手致贺的姿势拉住布什的手，既避免了可能出现的尴尬，又彬彬有礼地提醒他，还要向他致谢并赠送清华的纪念品，布什总统顺势回到座位。瞬间闪过的这一幕并没有引起外界注意，却被不经意地定格在现场亲历者的记忆中。

乔治·布什是走进清华的首位美国总统。他或许读过上个世纪初美国伊里诺伊大学校长詹姆士（Edmund J. James）给美国总统西奥多·罗斯福（Theodore Roosevelt）《备忘录》中的名言："商业追随精神上的支配比追随军旗更可靠。"这是促成美国政府利用庚子赔款余额对华实施教育和文化殖民的直白，也与清华的创办有着割舍不断的历史联系。然而，人算终究难违天算，清华的办学历史始终和中华民族从衰败走向复兴的伟大而艰辛的历程息息相关，荣辱与共。

斗转星移，到了21世纪初，乔治·布什以美国总统身份走进清华。他在清华的短暂演讲，只是中美两国关系史上一个小小的插曲，却折射出时代巨变的信息。中华民族正以人类文明史上少有的和平崛起屹立于世界，寻求建立和谐世界新秩序。顺应国运兴起的清华，偕天时地利人和，通过一代又一代清华人的不懈努力，在世界一流大学俱乐部舞台上建立起更加广泛的合作伙伴关系，为追逐中华民族伟大复兴与世界和谐的梦想，不断谱写着具有浓烈时代气息的新篇章。

# 第八章

## The Eighth Chapter

最美丽校园的耕耘者

# 最美丽校园的耕耘者

> "人与环境之间是辩证的关系,人的活动影响和改变着环境,环境反过来也会影响和改变人的思想和行为。"

"槛外山光,历春夏秋冬万千变幻都非凡境;窗中云影,任东西南北去来澹荡洵是仙居",这副脍炙人口的楹联每每让途经工字厅后湖的游人驻足凝神,回味良久。清华园紧邻圆明园,错落有致地分布着不同时期的文物和建筑,处处透射出水木清华的钟灵毓秀。这里不但是海内外清华学子时常魂牵梦萦的故土,更是全国广大青少年心目中的"求学圣地"。

自小就梦逐清华的王大中熟知孟母三迁的典故,深感大学校园基础设施、人文环境、生态环境和基本服务条件等对教书育人的重要。他出任校长的 10 年间,清华校园基础设施建设规模空前,从历史文化积淀厚重的故园,到当时拓展的新区,不同功能、风格迥异的建筑楼群拔地而起。鸟瞰清华园,往古来今,浑然一体,宛如时空叠影,交相辉映。2010 年 3 月,美国著名财经杂志《福布斯》评选出全球 14 个最美丽的大学校园,清华是亚洲唯一上榜的学校。这得益于历代清华人的精心打造,也凝聚着王大中及其同事们的大量心血。

## 一、新一轮校园规划、拓展和建设

1952 年全国高校院系调整后,清华校园历经蒋南翔、高景德和张孝文等几任校长主持的七次校园规划和建设,形成了比较完整的办学功能区、教职员工生活功能区、学生生活功能区以及各种配套服务功能区。

王大中上任之后,深感校园规划和基本建设的沉重压力。现有的办学功能区必须按照综合性大学的学科布局重新规划和调整;现有的教职员工生活功能区大多数显得破旧、拥挤、简陋,学生生活区几乎几十年没变,学习和生活条件都急需改善;办学基础设施欠账不少,还要根据当代科技发展趋势建设先进设施,各种新旧问题,都交织在一起。

诸多问题都集中在校园规划、空间拓展、资金筹措等关键环节上。

### 第八次校园规划

清华拥有得天独厚的建筑设计和城市规划学科与人才资源。在主持第八次校园规划过程中,王大中认真听取两院院士吴良镛、工程院院士关肇邺等著名学者以及各位委员的意见和建议,确定了校园总体规划的指导原则:服务于学校战略转型,适应综合性大学学科发展需求,改善师生的学习、工作和生活条件,体现清华文化传统和时代潮流,使清华校区成为办学功能布局合理,服务设施便捷完善,环境优美,生态和谐,不同时期的文化风格交融协调的一流校园。

1999年,清华根据教育部要求进一步修订校园规划。王大中邀请世界著名建筑师、美国的罗伯特·文丘里(Robert Venturi)来校考察,听取他对校园规划的建议,并组织有关校领导、规划和建筑专家以及基建管理部门共同参与讨论,保证了第八次校园总体规划的科学性和前瞻性。

规划明确了校园改(扩)建的四大重点:一是对新增教学、科研功能区按照学科特点相对集中建设;二是将学生生活区重心北移;三是对中央主楼加固、改造,对工字厅等历史建筑进行修缮;四是把校园东西区绿地连成一体,扩大校园绿地面积。

由于校园如此规模的改、扩建必须得到国家的财政支持,王大中主持制定及修订的《1994年清华大学总体(扩建)规划》也成为清华校史上第一个通过教育部批准的校园规划,由此拉开了此后10年校园建设的序幕。

### 抓住机遇，征集发展用地

清华校园内，几乎每一群落的建筑，都凝聚着不同时期校园耕耘者们的辛苦，刻录着清华的前辈们在这片土地上倾注的心血。

20世纪50年代初，蒋南翔校长刚到清华不久，就为京张铁路纵贯清华校区而焦虑，找到老领导林枫。据后人回忆，林枫听了蒋南翔的求助，找来地图，用粉笔把清华校园向东画到五道口附近，又找来当时的铁道部部长吕正操，提出把京张铁路向东移至五道口。不久，这个方案报请周恩来总理批准，使清华校园面积从解放初期的1700多亩扩充了一倍。

"文革"期间，原先纳入清华校园规划用地的主楼前方和9003大楼东侧地块由于无法建设，到80年代初已经布满农舍和农田。1986年，在高景德校长和李传信书记任上，学校领导班子作出一个大胆的决定，由学校出资把主楼以南及校园周边的543亩土地征回清华，同时解决地块上的农户就业安置。当时的清华几乎没有什么家底，为征地自筹8000万元人民币无异于"釜底抽薪"，一旦资金周转不开，连教职工的工资都发不出来，学校为此曾经做好向教育部借钱发工资的准备。学校老领导为事业发展勇于担当风险的心胸和气魄，给后来人留下难以估量的财富，也给王大中留下深刻的印象。

90年代的中关村地区，高技术产业和研发机构蓬勃兴起。王大中在主持制订校园规划时提出，不能只在现有的土地上做文章，要争取上级部门和北京市支持，在学校四周留出可持续发展的预留土地。经多方努力，先是落实了上届领导班子争取到的校园以南和成府路以北建设用地，继而在1999年底取得教育部和北京市批准，将校园北围墙外大石桥村约530亩土地作为清华发展预留用地，同时，征用了东柳村96亩地作为科研用地。世纪之交，清华在东、西大石桥村的发展用地上分别建设了紫荆学生公寓区和荷清苑教师住宅区。

截至 2002 年底，清华大学占地总面积达 5900 多亩，比 1993 年新增 1000 多亩。其中，清华园主校区面积从 3900 多亩增加到 4500 多亩。

学校周边地区总有历史遗留问题，不时出现各种复杂事态，清华领导班子顾全大局，妥善处置，既维护学校的权益，又主动争取上级领导和主管部门的理解和支持。陈希接任党委书记以后，进一步加强了和北京市的沟通。2003 年 3 月，北京市领导来校调研，同意将 945 亩土地划拨给清华作为校园发展用地，并将 1575 亩绿地划归学校管理。

**多方筹资，推进校园建设**

校园规划要付诸实施，征地费用和建设资金是巨大的。学校领导班子认识到，依靠国家专项拨款"独力难支"，必须解放思想，多方筹集资金。

为了争取社会捐资，学校首先化解了历史"纠结"问题，由此开启了向境外特别是从香港地区筹款的大门。王大中在任期间，清华争取到的社会捐赠，80% 来自香港企业家，主楼前区的 10 座建筑都有香港的捐赠，占建设总经费的 40%。

随着改革开放的深入，大学基本建设资金来源日益多样化。除了国家计划拨款和社会捐赠之外，根据学校的收支和还款能力，开辟了向银行贷款的第三种资金来源，克服了资金制约瓶颈，使校园基础设施和各种办学条件建设取得空前的大发展。

从 1994 到 2002 年的九年中，清华在主校区及其毗连土地上共新增竣工建筑面积 68 万平方米，是 1993 年以前学校总建筑面积 106 万平方米的 64%。同时，还有开工在建面积 45 万平方米。这一时期，单就建筑面积来说，相当于再造了一个清华园。清华的教学、科研等用房条件，学生学习和生活条件以及教职工住房条件都有了明显改善。

中央主楼前建筑群。

### 打造主楼南北建筑群

第八次校园规划充分考虑了综合性大学的学科布局，扩大并重新划分了教学和科研功能区，尽可能使学科门类相近的院、系（所）处于相对集中的建筑群落，其中，最有代表性的是主楼南北的建筑群及理学院建筑群。

主楼南区建筑群由 1994 年起相继建设的 14 座教学科研大楼组成，连同原有建筑设施，建筑总面积近 30 万平方米，建筑学院、经管学院、法学院、公管学院、美术学院、信息学院、航天航空学院、信研院以及后来成立的环境学院、材料学院等设立在这一区域，全校 70% 左右的师生在这里学习和工作。

但意想不到的是，在北京市的城市规划草案中，一条自东向西的城市规划道路将要横穿清华校园，主楼前区直通双清路的南北干道也作为城市规划道路。这个方案一旦确定并实施，清华校园将被分成三块，给学校的交通、安全带来不少隐患，影响很多高精密仪器的使用性能，对皇家园林遗址清华园、近春园的保护也会造成不利影响。王大中感到问题很严重。

综合体育馆。

在广泛征求各方专家的意见后,学校紧急向北京市领导报告。市政府会同市有关部门研究了清华的意见,同意将延伸到主楼前的一段南北道路改为校内道路,同时保留50米红线宽度内的地下市政管网不变,在红线范围内学校不能建设地面建筑。

为了加强校园文化景观色彩,学校根据基建规划委员会的讨论意见,对主楼南区50米宽度内的红线区域进行了精心改造。大量采用草木等绿色元素,并在区域中间规划了一个"绿十字",形成一条宽度32～40米的南北向中轴绿地。两侧建筑物周边草地栽种银杏树、松柏、法国梧桐以及灌木,形成了校园里最大的"步行区"。如果从空中俯视,从紫荆学生公寓区、南向游泳馆和东大操场、综合体育馆,再到主楼和主校门,形成了长约一公里的校园中轴带,建筑群落南北呼应,气势磅礴,蔚为壮观。

主楼以北的建筑群以紫荆学生公寓和综合体育馆为主。综合体育馆于2000年动工,能容纳5000名观众,当年被选为庆祝建校90周年大会会场。由于工程量巨大,工期很紧。2001年春节刚过,王大中和担任工程总指挥的副校长郑燕康就冒着大雪到施工现场检查。基建处和施工单位协调，按小时安排施工计划，采用新工艺，优化流程，后勤干部职工夜以继日，工程终于按时竣工。

王大中早年在"200号"搞过基建，特别了解基建、后勤工作的重要性，也能理解和体恤干部、职工的艰辛。正因为如此，当年在基建、后勤部门的广大干部和职工对王大中校长至今还保持着一种特殊的敬意和亲近感。

### 扩大清华园的"红区"

为了加快理科发展，建设理学院大楼被提上学校议事日程。时任物理系主任陈皓明建议把数学、物理、生物等新馆放在历史悠久的老生物馆和化学馆之间，构成一个理学院建筑群。经过建筑学院专家论证，学校采纳了陈皓明的建议。

清华校园的早期建筑群，包括大礼堂、图书馆、科学馆、西体育馆等多由红砖砌成，被广大师生亲切地称为"红区"。图书馆先后经过两次扩建，解放前的第一次扩建和20世纪90年代初的再次扩建，被赞誉为"一二期天衣无缝，二三期珠联璧合"，生动体现了清华园建筑风格在继承中发展的文化底蕴。

理学院建筑群占地108亩，包括新建的蒙民伟理科馆、生命科学馆（伟伦馆）、化学楼（何添楼）和原有的老建筑化学馆、生物学馆和气象台。新增建筑楼群由建筑学院关肇邺院士主持设计，延续了清华早期建筑的风格和传统，又透射出现代气息。这种往古来今的建筑风格意境深远：雄伟庄重代表坚忍不拔，朴素无华象征返璞归真，简洁典雅，气度大方，身临其境，不觉情操为之陶冶。

1999年理学院建筑群落成。同年，理学院楼群（理学院楼、生命科学馆）和逸夫技术科学楼双双获得中国建筑工程最高奖"鲁班奖"，在全国高校中前所未有。

理学院建筑群之物理楼。

## 二、后勤社会化改革的清华模式

当年中国高校的后勤社会化改革，初衷是为了摆脱学校办后勤的沉重负担，使得高校规模扩张之后财政性投入不足引发的矛盾得到一定程度的缓解。但是，后勤社会化改革过程中也出现了不少新问题，主要体现在办学主体需求和经营者商业利益的矛盾方面。

王大中和领导班子多次讨论后一致认为，后勤社会化改革要考虑国情和清华实际。面向学生的后勤保障和服务系统，必须把保证正常教学运行，保证改革发展稳定大局放在首位。为此服务的公共资源，如教室、学生宿舍、学生食堂等，要坚持由学校管理，或者处于校方有效监管之下，在运行方面可以引入经营性资产的市场管理模式。这一共识,成为清华后勤管理体制改革的指导原则。

### 紫荆公寓的三个"第一次"

根据第八次校园规划,学生住宿区重心北移。学校选择校园北面的东大石桥村预留发展用地兴建学生公寓。1999年底,经国家主管部门和北京市批准,占地35公顷的大学生公寓(后来被命名为紫荆学生公寓)专由清华大学建设和使用。

紫荆公寓的开发和管理模式面临两种可能的选择,一种是引进开发商当业主,另一种是清华自己当业主。前者是当时多数高校采取的主要模式。王大中和领导班子反复比较利弊,决心选定学校自己当业主。经过和教育部、北京市的多方汇报、沟通,取得了理解和支持。北京市政府为了减轻清华负担,决定承担学校征地费用的一半资金,并且免去约46公顷的市政绿化费用;市政府主管部门简化工程建设的报批程序;海淀区政府承担了征地拆迁和人员安置工作。

在北京市各级政府的大力帮助和支持下,2000年12月紫荆公寓开工奠基。工程建设与管理采取了全新的模式,创造了三个清华的"第一次"。

第一次在全国范围引入竞争机制进行建筑设计招标。在王大中校长的主持下,紫荆公寓是清华建校以来第一个面向国内设计单位招标选择建筑设计方案的校内建筑物。根据专家组的评审意见,学校确定选择同济大学建筑设计研究院承担总体规划设计。这一结果迅速在国内媒体和设计单位传为佳话,上海《新民晚报》以《同济大学建筑设计院竞标成功清华大学建筑项目》为题进行了报道。区域的勘查和园林规划设计工作,同样分别由中标的北京市勘查设计研究院和中外园林建设总公司承担。

第一次向银行贷款筹措建设资金。学校根据自身的收支状况和还款能力,开辟了向银行贷款的第三种资金渠道。通过与多家银行洽谈,学校最终争取到建设银行北京分行的贷款。紫荆公寓建成后,清华采取收费还贷的方式。一方面,按照教育部规定标准收取学生住宿费;另一方面,通过面向社会服务的配套设施的运营利润调剂补偿。学生利益得到保障,学校没有为此背上财政包袱。

第一次聘请专业项目管理公司与学校组成联合甲方管理整个工程。清华向社会公开招标,引进专业化的建筑管理公司参与建设管理。中标的中国建筑总公司二局三公司抽调工程管理经验丰富的管理人员组成项

紫荆公寓楼群。

目管理部,与学校管理团队共同组成"联合甲方"。通过体制创新,严格的科学管理,紫荆学生公寓建设实现了"质量保证、成本降低、工期缩短"的三大目标。

2006年5月,紫荆公寓全部建成并投入使用。此前,清华全校学生宿舍总面积仅约11万平方米,而紫荆公寓总建筑面积就超过30万平方米,可入住各类学生2.2万名。同时,全校体育运动场地也由13万平方米扩大到21万平方米。

早期的校友们重返母校时,面对崭新明快的紫荆公寓楼群和周边的配套服务设施,惊羡之情溢于言表。过来人都记得,以前学生家长和亲属送孩子进清华后,大多会留下一句:清华让我们羡慕,就是学生住宿条件让我们感到"盛名之下,其实难副"。如今,旧貌换新颜。当年的决策者和建设者们,完全有理由从历史的反差中获得足以宽慰的幸福感。

### 餐饮服务管理体制改革的"三满意"

清华在餐饮服务方面的改革起步较早。1993年初对饮食服务管理体制实行改革时,张孝文校长就提出,改革的目标就是实现学校、师生、饮食服务中心职工的三满意。王大中接任校长之后继续坚持这个目标,并进一步提出新要求:要建一流大学,餐饮服务要率先实现一流。

学校的餐饮服务关系到广大师生员工的切身利益,王大中支持后勤负责人提出的重在内部改革挖潜、引入市场机制的改革方针,而没有采取委托外面承包食堂的社会化管理模式。同时,学校决定,对于餐饮服务基础设施和主要装备,加大一次性财政投入并快速到位,为餐饮服务等后勤体制改革解除了后顾之忧。

以前,后勤的职工几乎全部属于事业编制。20世纪80年代学校吸收了一大批征地安置的农转工,又聘用了一批临时工,形成非事业编制队伍。但因二者同工不同酬，管理水平、工作效率和服务质量低下。饮食中心率先推出一系列改革措施，对工作人员实行定岗竞聘，根据服务质量和效益实行公平考核，消除了体制性的"身份"差异，调动了全体职工的积极性，职工们提出"不找校长找市场"，这个市场就是师生员工的需求。

通过学校的先导性投入，加上内部管理体制改革生效，学校的餐饮服务很快出现新面貌，从环境卫生到食堂运营管理，即便是外宾和外国留学生也赞不绝口。学校投入建设的几个大型现代化学生食堂，日均流量超过万人，被学生称为"万人大食堂"。90周年校庆期间，就餐环境和饭菜质量得到了校友们的高度评价。教育部陈至立部长到清华学生食堂视察之后，要求教育部司局级干部轮流到清华学生食堂进行体验。迄今为止，清华学生食堂一直以讲究营养、品种繁多、风味各异、物美价廉而著称。

清华的餐饮服务和后勤管理体制改革得到教育部、北京市的充分肯定。1998年，北京市教委在清华召开现场会。1999年，贺美英书记在国务院召开的第一次全国高校后勤社会化改革工作会议上作了专题发言。

在王大中与贺美英任上，学校强化全员育人理念，"教书育人，管理育人，服务育人"蔚然成风，餐饮服务和后勤各部门为学校教育教学改革提供了全方位保障，让教学管理干部、教师和广大学生深有体会。在2003年"非典"疫情面前，后勤干部职工团结一心，众志成城，涌现出了许多感人至深的先进事迹。当时蔬菜运不进来，校内菜市场不断涨价，后勤部门连夜奔赴大兴等产地采购菜、粮、油等各种食品低价供应，饮食中心的150吨冷库和150万斤容量的地下粮库充分发挥了采购和储备功能，保障了校内供应，平抑了物价，还帮助周边一些兄弟高校解了燃眉之急。

观畴园（清华师生称之为"万人大食堂"）。

### 物业管理的专业化探索

在国内高校中，清华的学生宿舍管理率先从传统的行政管理转变为专业化的现代物业管理，成为学校内部管理体制改革的又一个亮点。

1999年初，学校从行政处拆分出学生社区服务中心负责学生宿舍管理。2002年，学生社区服务中心更名为物业管理中心，在学生宿舍区建立了保洁、维修、保安等专业化队伍，按照现代物业管理模式运行。

学校对物业管理中心实行事业单位企业化管理改革。中心按照物业管理收费标准收取服务费，以部分经营性项目收益统筹协调，实行人事工资制度改革，自负盈亏。

物业管理中心充分利用信息网络化资源提高服务质量和效益，1999年建立了"我们的家园"网站，学生可以直接在网络上订购火车票、查询电话号码。学生宿舍管理系统投入使用，加速了公寓服务信息网络化进程。

2001年10月，清华学生公寓管理工作系统通过ISO9001质量管理体系认证，成为首家通过国际标准认证的高校后勤物业管理系统。随后，清华43栋学生宿舍楼陆续安装了门禁系统和远程监控系统，有效加强了宿舍安全管理。

紫荆公寓建成后，物业管理中心结合新区特点，建立了"一站式"服务模式，服务质量和效率进一步提高，向着王大中校长希望的世界一流标准又迈出新的一步。

## 三、从"泰山工程"到数字校园

1994年秋季，"211工程"一期建设规划正在制定过程中，王大中率团访问美国。同行的李衍达院士等考察了麻省理工学院在信息网络领域的优势，建议开展"清华信息和计算机基础设施"建设项目，还建议，项目名称最好简明切题，比如可以叫做"泰山工程"。"泰山"二字的汉语拼音首字母正好与"清华"的英语拼音首字母相同，其汉语发音又正好与项目的英文首字母缩写"TICI"（Tsinghua Information & Computer Infrastructure）谐音，"登泰山而小天下"，寓意信息网络技术在当今科技发展中的引领作用。大家一琢磨，十分合意。

1995年，在清华大学"211工程"一期总体规划中，"泰山工程"正式立项，分为校园网络建设、网络应用系统建设和电子化图书馆建设3个子项目，总体目标是建立一个高效运行，国内领先、国际先进的数字校园。

### 建设数字校园的高起点

"泰山工程"首抓校园网络建设。学校成立了以常务副校长梁尤能为首的信息与计算机基础设施建设委员会,协调校内的功能需求,组织总体规划的制定并监督规划的实施。同时,学校成立了信息网络工程研究中心,专门承担校园计算机网络的建设、运营和维护,并支持他们参与国际合作与竞争。

清华校园网络的主要任务是为教育、科研和管理提供先进的信息支撑平台。王大中、梁尤能等学校领导根据当时信息网络技术发展趋势,肯定了专家们提出的以五个"任何"(Any)表述的建设要求,即,任何人(Anybody)在任何时间(Anytime)、任何地点(Anywhere),采用任何系统(Any system)都可以进行任何应用(Any application)。其中,"任何时间"代表对系统稳定性和可靠性的要求;"任何地点"指的是综合布线场所,涉及校园内 300 余栋建筑;"任何系统"强调了平台的开放性,无论使用何种操作系统都能自由上网;"任何应用"表示取消代理服务器的应用。

20 世纪 90 年代,这五个"任何"代表了计算机信息网络技术的前沿,为清华在计算机信息网络领域确立了高起点。经过"211 工程"和随后的"985 工程"一期建设,取得成功的不仅是清华的校园网络工程,更重要的是清华的计算机信息网络学科在国家 CERNET 工程中的领军地位,为我国能在互联网领域雄踞一方发挥了重要作用。

### 网络教学的新模式

"泰山工程"的网络应用系统在清华人才培养和教育教学改革过程中发挥了重要作用。

清华"211 工程"首期建设规划中第一个完成的项目,是 1996 年启用的计算机开放实验室。这是面向全校师生开放的计算机实验教学基地,投入使用后,每天从早上 8 点到晚间 22 点开放,几乎全年运行(包括节假日），实验室承担了全校本科生计算机基础系列课程教学和实践训练，以及本科和研究生教务信息管理系统的开发、运行和维护，在国内高校计算机网络教学方面发挥了重要的示范作用。

在校园网络系统支持下，清华率先推进多媒体技术的教学应用，从 90 年代初期以模拟音像资料为主，快速过渡到数字化、智能化。到 2000 年，多媒体教育技术基本覆盖所有教室，同时多媒体课件开发水平快速提高。以德国奥迪公司赠送的全剖面汽车结构为原型开发的多媒体课件，成为国内高校汽车原理教学的热门课件，荣获教育部首届多媒体教学课件成果奖唯一的特等奖。

当时，网络辅助教学毕竟是信息化时代的新事物，在部分教师中存在认识方面和技术方面的双重障碍。王大中要求教务部门制定激励政策和培训措施。教务处很快出台相关文件，规定重点建设的"一类课"必须使用网络辅助教学；在教学培训中心对开课教师实行轮训，规定只有取得合格证书的教师才有资格在多媒体教室上课；学校优先为核心课程的主讲教授配置笔记本电脑，又以"985 工程"专项经费购置先进的彩色复印机与多媒体教室联网，使备课、授课到教案课件（教材资料）一气呵成。学生受益，教师的积极性高涨。

1999 年，"清华网络学堂"开通，成为数字校园又一个重要的虚拟现实空间。在教师指导下，学生自主学习的机会更多，师生互动形式更加多样化；教师进行网络备课、课件制作、网上批改作业、答疑以及网络考试等教学活动更加普及。对于以面授教学为主的教学方式，网络课堂开辟了重要的辅助教学平台，解决了传统教学方式无法解决的教学资源和时空限制，大大促进了师生互动。

特别值得一提的是，网络学堂在 2003 年"非典"期间发挥了重要作用，既避免了传统授课方式带来的群体感染风险，又使正常教学活动得以持续。

### 推进网络办公系统运行

促进现代大学管理和信息技术相结合，是世纪之交清华建设数字校园的一个显著特点。"泰山工程"的另一重要贡献，就是推动学校内部管理体制和运行机制向"优质服务，高效运行"方向演进。

网络办公系统的先期突破，从1994年实施学分制、推出计算机选课系统开始。为了适应本科教育和研究生的统筹培养改革，学校相继组建注册中心、教学研究与培训中心等集约型管理和服务机构。全校学生从注册、选课、成绩管理到各项教学状态参数，全部实现网络化管理和运行，信息的集成度和运行效率超过了许多世界名校。

网络办公系统建设由点到面，全面推开。为此，学校计算中心设立了多个开发团队，与机关各部门密切合作，陆续推出具有自主版权的办公信息系统、人力资源管理系统、集成财务系统、科研信息管理系统、设备资产管理系统、学生管理信息系统等，成熟一个就上网一个，取得了很好的效果。校务信息公开增加了科学、民主、依法治校的透明度；财务管理系统集中了学校所有的财务信息，依靠技术进步杜绝了违规设立"小金库"现象。

学校领导带头，有力推进了办公信息化进展。部分领导干部和工作人员因为长期习惯于纸介质流通的办公方式，对无纸化办公很不适应。在校领导的带领和推动下，办公自动化系统在1997年左右得到了普遍应用。接着，清华新闻网开通，使得师生员工及时了解学校改革和发展的动态，信息量大为增加，各种视频节目丰富多彩，深受欢迎。

2001年，清华提出了"大学资源计划"(University Resource Planning, URP)建设理论，利用统一的网络平台和规范接口，将校内各种信息资源与应用系统集成起来，实现信息的共享和交换，并为所有用户提供统一的访问界面。随着该计划的实施，一个覆盖全校各方面工作的网络化办公系统基本建成。

### 打造数字图书馆

人们看一所大学，往往会先看大学的图书馆。

90年代中期，清华图书馆的外文图书和期刊资料极度缺乏。当时，哈佛大学图书馆有10万种期刊，麻省理工学院有2万多种，而清华每年订购外文期刊只有2000余种。受经费和场地所限，大幅增加纸本外文期刊是不可能的。因此，图书资源信息网络化，成为清华数字校园建设的重要内容。

"泰山工程"建设给清华图书馆带来难得的机遇。王大中、梁尤能等学校领导的主要思路，是通过先进的信息网络平台引进国外数字化期刊资源，解决学校学科建设与科技创新的迫切需求，改善馆藏资源结构。

考虑到国外数据库价格昂贵，清华图书馆牵头联合国家图书馆、中科院信息情报中心和一些兄弟高校的图书馆，共同与国外出版商谈判，

图书馆新馆夜景。

以组团购买的方式引进数据库，并把数据库镜像站建设在清华。当时"爱思唯尔（Elsevier）数据库"收录了科学技术和社会科学方面的1000多种学术期刊，其中很多是高水平期刊，而当时清华只订阅了其中20余种纸质刊物。通过团购，学校把1000余种期刊全部引入，以较低的费用改变了外文期刊过少的局面。

外文数据库的陆续引入，对学科建设发挥了重要作用，为学校启动SCI论文"千篇工程"搭建了开阔的国际学术交流平台。

数字化图书馆建设的另一个重点是图书资源信息管理系统。1996年初，在"211工程"首期经费尚未到校的情况下，王大中决定由学校先行垫付，引进当时国际最先进的书目管理系统，建立起24小时不间断的网络服务。以此为基础，图书馆和计算中心协同开发出多种应用服务系统，促使数字图书馆快速投入运行应用。

1996年秋季，国际图联（IFLA）大会在北京召开。与会各国代表在参观清华图书馆后，对这里的数字化环境和先进管理给予高度赞扬。国际图联主席罗伯特·韦奇沃斯（Robert Wedgeworth）先生还欣然题词："这是一个放在世界上任何地方都不逊色的图书馆。"

经过多年持续建设，清华图书馆的电子资源已成为广大师生查阅的重要对象，电子资源的利用率居国内高校领先地位。据美国科学信息研究所2000年统计，清华师生对"科学引文索引"（SCI网络版）数据库系统的月均访问量为3万次，已超过美国几所顶尖大学单校月均访问2.6万次的水平。许多从国外回来的教师认为，清华图书馆的服务设施和条件，比起美国多数大学的图书馆来毫不逊色。在世纪交替的数年之间，清华科技项目、经费、三大文献数据库的访问量和高水平论文数，呈现正相关增长态势，分外引人注目。

"泰山工程"是清华也是全国"211工程"一期建设接受国家验收的第一个项目，标志清华的信息与计算机基础建设水平跃入世界先进大学的行列。

## 四、创建中国"绿色大学"的先行者

随着经济全球化和世界人口增长，人类面临的资源、能源、环境和生态矛盾日益突出，全球都在关注可持续发展。1992 年，联合国环境与发展大会提出并通过了全球的可持续发展战略《21 世纪议程》。1994 年，国务院批准了我国的第一个国家级可持续发展战略《中国 21 世纪人口、环境与发展白皮书》，将可持续发展战略确定为我国的基本国策。

### 从一封信到国家环保总局"示范工程"

清华在国内率先开展"绿色大学"建设，是由环境系钱易教授的一封信引起的。钱易是中国工程院院士，曾任全国妇联副主席、北京市政协副主席、全国人大环境与资源保护委员会委员。在原校党委书记方惠坚的支持下，她在 1997 年向学校写信提出了"建设生态清华园的设想和倡议"。

王大中看到这封信以后，认为钱易教授提出的理念很好。同年 12 月，学校邀请有关专家进行专题研讨。经过调研和多次讨论，学校提出了建设"绿色大学"的理念，围绕育人这一核心，将可持续发展和环境保护理念融入到大学教育的全过程。

在王大中校长的高度重视和推动下，清华制定了建设"绿色大学"规划，其内涵包括"绿色教育"、"绿色科技"和"绿色校园"，并将建设"绿色大学"作为创建世界一流大学的一个重要组成部分。

清华建设"绿色大学"的规划纲要得到教育部、科技部、国家环保总局以及北京市的肯定和支持。1998 年国家环保总局批准了清华大学"创建绿色大学示范工程"的项目报告。

### 开展绿色教育，播撒可持续发展的种子

清华建设"绿色大学"的核心环节，是把"绿色教育"理念作为教育思想的重要组成部分融入人才培养的各个环节。

学校调整课程体系和教学内容以实践"绿色教育"理念。从1998年开始，学校将钱易院士主讲的"可持续发展与环境保护概论"课列为全校大一学生的必修课，郝吉明院士则为研究生开设了"可持续发展引论"课。

在修订教学计划和培养方案过程中，学校明确要求将可持续发展理念渗入到自然科学、技术科学、人文和社会科学等课程教学和实践环节。机械学院在装备制造、工程材料和工艺流程设计等课程内容和实践环节突出了"绿色制造"主线；化工系金涌院士和荷兰德尔福特大学教授合作推出"资源、能源、环境和生态概论"新课程；2001年，学校在文化素质教育10大课组中专门设立了"可持续发展与环境保护概论"特色课组。

10多年来，全校先后有20多个院系和单位开设了不同类型、不同层次与环境保护和可持续发展有关的课程235门、开课1200多门次，听课学生达5万余人次。在知名教授开设的新生研讨课上，"环境与发展""城市发展的模式和城市环境问题的解决途径"等专题讨论课，引导学生深刻认识可持续发战略实质，树立正确的环境伦理观和科学发展观。

学校坚持把"绿色教育"实践环节贯穿于人才培养全过程。1995年成立的清华大学学生绿色协会，在绿色大学建设中发挥了积极的作用，先后获得国家环保总局颁发的"地球奖"、联合国"国际科学与和平周活动奖"及团中央授予的"全国优秀社团标兵"称号。学生"绿色教育"课外实践活动和环境科研活动丰富多彩，逐步形成了包括绿色专业实践、绿色社会实践、绿色科技竞赛、绿色协会活动在内的绿色实践体系。近年来的全校SRT计划中，与绿色教育有关的项目达到430多项，参与学生超过1000人次。

围绕"绿色教育"的国内外交流广泛开展。近年来，由高端论坛、专家论坛、学生论坛组成的绿色教育论坛已经常态化。1999年，国内外20多所大学在清华召开了主题为"绿色大学教育的挑战、经验和建设"

的国际学术研讨会，会议发表了《长城宣言：中国大学绿色教育计划行动纲要》。清华和美国耶鲁大学联合开展的"环境与可持续发展市长高级研究项目"，为各地政府主管部门提供了高水平的培训资源。

### 推进绿色科技，加强环保节能服务

环保节能是清华科研的优势领域。在"绿色科技"规划中，学校科技处（后更名科研院）在两个层面加强立项管理。一个层面以治理环境污染，改善环境质量为重点（"深绿科技"）；另一个层面以实现清洁生产的新工艺和新技术开发为重点（"浅绿科技"），使全校各个相关学科的优势得到充分发挥。

1998年以来，全校共承担绿色科研项目近千项，取得绿色科研成果及专利300余项，其中的百余项先后获得省部级以上科技奖励，相当一批科技成果在应用过程中实现产业化，促进了各地区环保科技产业的发展。

清华通过"绿色科技"计划为城市污水处理以及重点流域污染治理组织了大量攻关。20世纪70年代以来云南滇池受到严重污染，科技部和云南省政府共同立项，于2000年开始组织"滇池流域面源污染控制技术"的研究与示范。这是我国首次针对湖泊流域面源污染开展综合控制技术与管理的研究，清华参与了其中的许多重点课题，研究成果应用于滇池污染控制，也为全国面源污染控制提供了重要的指导和借鉴。此外，清华还参与了北京、深圳、成都等20多个城市的污水处理、水质改善以及水资源保护等研究；在垃圾无害化处理和资源化利用，洁净能源，洁净生产等领域的一批科技成果都取得良好的社会效益和经济效益。

在国家实施西部大开发战略之后，清华进一步加强在西部地区的科技研发和科技扶贫布点。清华和新疆维吾尔族自治区合作开发的"太阳能沙漠绿洲生态系统"是成功的范例之一。该项目采用电机系卢强院士和赵争鸣教授发明的"太阳能扬水与照明综合系统"，在新疆皮山县奥依吐格拉克村开展示范应用。从此，全村1300名村民用上了自来水，通上了照明电，告别了点煤油灯、喝"涝坝水"（人畜共用的天然蓄水）的历史。村民们立碑纪念，碑文是"喝水不忘掘井人"，感谢党和政府关心，感谢清华的爱心。

2005年，由江亿院士主持设计的我国首座超低能耗示范楼在清华大学落成。这是国内第一个集示范应用和试验功能于一体的绿色建筑，集成了国内外近百项绿色建筑相关技术，全年耗电仅为北京市同类建筑物的30%，展示了未来城市建筑的发展前景。

### 建设绿色校园，发挥育人和示范双重作用

清华的校园建设应该成为实践"绿色大学"理念的典型示范，是王大中十分明确的指导思想。建设环境优美的生态清华园，为广大师生提供良好的工作、学习和生活环境，始终是他主政清华期间的不懈追求。

"离离原上草，一岁一枯荣"。天天上下班路过大礼堂前大片草坪的王大中，心有所动。北美、北欧许多大学草坪，为什么冬天的草地还是绿油油的？他请教国内园林专家才知道，人家种的是冷季草。他还了解到，麦冬草冬天也是绿的，虽然没有冷季草漂亮，但管理成本比较低，只要入冬前浇灌好了就能越冬。

于是，园林职工开始在工字厅和周围的小山坡试种冷季草，施肥、浇灌，护理措施到位，效果不错，运行成本也不算高，这一片冬天里的绿色分外引人注目。之后，王大中就让后勤制定校园绿地规划，从大礼堂、图书馆到东区综合体育馆，在主要建筑物周围种植冷季草，其他地方种植麦冬草，从此校园环境大为增色。

主管后勤的副校长郑燕康带人跑了许多南方高海拔地区，积极寻找耐寒又耐旱的景观树种。各地不少清华校友也纷纷参与，为美化母校校园四处奔波。尽管有些"南树北移"没有成功，但这种热爱校园的学子真情，至今回想起来，还是让人感动不已。

在庆祝建校90周年前后，王大中充分发挥学校美术学院的优势，加强园林景观和人文景观的规划和建设。园林景观规划一期工程被概括为"十景、一河、一区"。

大礼堂及草坪。

---

"十景"指主楼景区、东西干道两侧区域、南北干道两侧区域、礼堂区、甲所区、水木清华区、北院、近春园、理学院区、气象台区。

"一河"指校河及其沿岸。清华园内水域面积近5万平方米,主要包括荷塘及流经校园的万泉河水面。近年来,上游生产生活污水的过量排入,使万泉河水质遭到严重破坏。经多方争取,在北京市水利部门的支持下,万泉河治污列入清河流域治理工程,校内河段由清华采取循环流动的方式加强净化。

"一区"是学生生活区。

如今,清华的校园风貌更加令人神往。从各个功能区的建筑群落,到环绕其周边、装点其间的园林景观和人文景观,古朴与现代交融,自然与人文和谐,形成魅力四射的京城一景。

《荀子·儒教》言:"习俗移志,安久移质。"在这样优美的校园环境和良好氛围中学习、工作和生活,学子们受到的熏陶,化育出的情感,自然已无须太多笔墨。清华校园对外开放度高,每年的寒暑假、黄金周，来自全国各地的孩子和他们的家长在这里川流不息，连出租车司机都会翘起大拇指称赞："清华真大气！"

2001年，清华召开了绿色大学建设研讨会，美国华盛顿大学等7所国外大学和国内部分兄弟院校应邀参会。清华的"绿色大学"教育理念和实践使得国内外同行赞不绝口。

2007年，王大中受校长顾秉林委托参加全球气候变化大学校长会议时，同联合国秘书长潘基文（右）合影。

2007年，已经卸任多年的王大中受继任校长顾秉林的委托，代表清华大学出席联合国秘书长潘基文主持的全球气候变化大学校长会议，介绍了清华建设"绿色大学"的经验。会后，许多来自世界著名大学的校长们纷纷表示祝贺。他们说，清华也许不是提出"绿色大学"概念的第一个大学，但是，你们的行动已经跑到我们的前面。

一桩桩美好的愿望和追求在悄然实现，王大中却依然保持着他的质朴和谦恭。他知道，转型中的中国还有漫长的路要走。一花独秀不是春，百花齐放春满园。希望，在于后来人。以"绿色大学"理念培育出来的建设者和接班人，从热爱校园的一草一木，到美化祖国的一山一水，代代相传，奋斗不止，中华大地就必定春色满园。

这就是清华创建"绿色大学"蕴含的中国梦，生态文明之梦。

# 第九章

The Ninth Chapter

清华精神的传承弘扬

# 清华精神的传承弘扬

> "大学是知识传播与创新的场所,更是人类文明传承创新的殿堂。一所优秀的大学,应该是社会先进文化的发源地和人类精神家园的守护神。"

在清华建校 90 周年庆祝大会上,王大中校长说到:"清华大学 90 年的历史证明,大学精神是学校的灵魂和动力……如果我们不能在精神文明建设上保持第一等的工作水平,一流大学的建设就将沦为一句空话。"

作为战略转型时期的清华校长,王大中的贡献不仅在于成功开启了创建世界一流大学的征程,使清华办学的硬件条件和综合实力跃上一个大台阶,而且还在于他和同事们一起,对接续清华文化源流,传承弘扬清华精神所做的努力。

## 一、文化源流的历史接续

毋庸讳言,在中国建设世界一流大学的群雄并起中,不排除存在某种功利性竞争色彩,关注大学硬实力的提升,几乎是每一所大学校长之所为,而重视且践行大学文化建设和大学精神培育,此时尤显难能可贵。

在王大中校长任上,清华先后经历了全校教育思想大讨论、学风建设大讨论和清华精神大讨论。三次大讨论议题不同,实质一脉相承,既体现了清华在战略转型过程中解放思想,与时俱进;又体现了实事求是,尊重历史,重视大学优秀文化传承和大学精神的弘扬,对推进世界一流大学建设意义深远。

### 百年清华的办学之魂

大学从人类文明进程中脱胎出来时,就负起挖掘、整理、收藏和保护人类创造知识的使命，在随后的社会发展进程中，相继衍化出知识传播（教学）、知识分类（学科）、新知识的发现与发明创造（研究），以及知识应用对社会的服务功能，等等。这些源于知识的功能形成大学的文化属性。

大学对文化源流的保护，尤其表现在图书馆、档案馆或博物馆，许多老牌、名牌大学往往以拥有重要历史文化价值的馆藏珍品而闻名。在20世纪50年代初的院校调整中，蒋南翔校长千方百计保护了清华图书馆的馆藏珍品，确是一大功德。

大学又是人类理想中的精神家园。古代贤哲似乎早就从自然和社会危机中认识到教育的重要性，以"大学之道，在明明德，在新民，在止于至善"等经典之说阐明教育的本原，演化出德、智、体、美，以德为先的教育思想。这种力图塑造完美人格的教化功能，形成了大学的精神属性。以校训、校歌、校徽以及建筑、铭文等文化符号表达的精神追求，往往是大学知识群体大多认同的价值观体现。

然而，"世间难逢开口笑，上疆场彼此弯弓月，流遍了郊原血"，晚年毛泽东在《贺新郎·读史》中的点睛妙笔，道出了人类文明共生中饱含的冲突和斗争。大学的文化和精神也无法超脱于"红尘"之外。

1906年美国伊利诺伊大学校长詹姆士向罗斯福总统呈递备忘录，道出当时世界列强以殖民文化和精神来支配中国未来的企图，这也是清华降生时带有国耻"胎记"的由来。

与此形成鲜明对照的是，梁启超先生1914年在清华所作题为《君子》的演讲。他引用《周易》"天行健，君子以自强不息""地势坤，君子以厚德载物"，勉励清华学子崇德修业，发奋图强，"异日出膺大任，足以挽既倒之狂澜，作中流之砥柱"。后来，"自强不息，厚德载物"成为清华校训。汪鸾翔先生1923年重作校歌歌词取代早先外籍教师创作的英文歌词，同样反映出清华学子渴求中华民族自立自强的报国情怀。

清华建校以来，文化积淀深厚，在不同历史时期孕育积淀的清华精神，陶冶了一代又一代莘莘学子，铸就了清华的办学之魂。

### "自强不息，厚德载物"的再现

王大中对中学母校南开"允公允能，日新月异"的校训印象深刻。1953年进入清华，当他走进大礼堂的时候，映入眼帘的就是圆形穹顶上醒目的"自强不息，厚德载物"校徽。他马上联想到南开老校长张伯苓多次演讲提到的这一名句，深感前人立训讲的都是做人哲理，一脉相承。

然而，在20世纪下半叶，宁"左"勿"右"思潮通过各种政治运动愈演愈烈，最后酿成长达10年的"文革"。这一时期，中华传统优秀文化不断受到伤害，大礼堂穹顶上的清华校徽不见了。作为清华校训的"自强不息，厚德载物"，连同校歌、校徽等，隐入历史的尘封。自那以后，清华早期的优秀文化传承留下一片空白。

改革开放带来了再现历史文脉的春天。一块镌刻着"清芬挺秀，华夏增辉"的巨石伫立在丙所和工字厅之间的草地上。这是1981年清华70周年校庆日返校的全体校友赠送给母校的纪念。

随着学校事业发展和校友工作的加强，海内外清华校友对母校愈加关注。每年校庆日，返校校友逐年增多。师生情，同学情，让人流连忘返。以工字厅为中心的校园西区则是白发校友们必去的场所。他们带回不同时期的母校情结，在追寻当年中打开尘封的记忆。

从海外归来的、从海峡对岸归来的老清华，没有在大礼堂穹顶看到他们熟悉的铭刻着"自强不息，厚德载物"的清华校徽，没有人去追问为什么，因为他们知道母校经历过那场史无前例的"文革"。无奈之中，不少老校友为母校文化积淀的一种缺失深感遗憾。

20世纪90年代中后期，随着大学文化素质教育的兴起，一些历史悠久的高校纷纷重新恢复尘封已久的校训。清华的部分老校友、老教师，相继向王大中、贺美英等学校领导提出建议，希望恢复"自强不息，厚德载物"的校训。

1995年，在大礼堂修缮过程中，王大中和方惠坚、贺美英等心照不宣，一致同意在大礼堂穹顶恢复老校徽。于是，一个久违了的清华徽记以及铭刻其中的"自强不息，厚德载物"重现清华园。

老校训和校徽的再现绝非偶然，领导们

> 自强不息攀高峰
> 厚德载物为人民
> 王大中
> 一九九四年四月

1994年4月，王大中为首届清华学生十杰题词。

的心中，早就和代表中华优秀文化传承的这八个字结下了不解之缘。

王大中出任校长的1994年，就为首届"清华学生十杰"题写了"自强不息攀高峰，厚德载物为人民"。1995年，在清华大学第35次博士硕士学位授予典礼上，王大中向毕业生提出希望时，满怀期待地说，让"自强不息，厚德载物"的校训，"爱国、民主、团结、自强"的清华精神和"严谨、勤奋、求实、创新"的清华学风永远伴随你们的奋斗人生。

贺美英在担任校党委副书记分管学生工作时，曾在1987级新生入学报告中讲到"自强不息，厚德载物"的传统，给新生们留下深刻印象。新生们不知道她的家学渊源，她的父亲贺麟先生是我国著名哲学家，就出自早期清华。汪鸾翔先生所作清华校歌歌词，得到贺麟先生大力推崇。她对老清华校训的熟知以及自幼受到的家学熏陶，在同辈之中也是得天独厚。

### 清华校训的悄然回归

1996年是清华建校85周年。逢五中庆，逢十大庆，是清华校庆活动的传统。据校友总会统计，1935级和1945级两届校友返校人数将是近年来最多的一次。

王大中感到，恢复"自强不息，厚德载物"的清华校训是个机会了。他知道，是恢复老校训，还是另立新校训，校内存在不同看法。这种歧见没有公开，也不宜引发争论，但学校领导班子应该有个意见。

他的个人意见是明确的，应该恢复老校训。在他的脑海中，具有数百年历史的许多世界名校，校训始终不变；即使国内一些百年老校，校训也一如既往。为了稳妥，他让学校宣传部门征求各方面意见，并提出一个讨论方案。

1996年2月，学校领导班子寒假务虚会把关于校训的议题列入议程。党委宣传部准备了材料，对"自强不息，厚德载物"的来源、涵义和作为校训的积极作用作了简要介绍。

务虚会当天，王大中由于出席一个活动暂时离会。当他赶回时，议程临近尾声。他举起宣传部的材料说，这个问题还没有讨论。大家一听都笑了，说一开始就讨论过了，结论是"暂不讨论"。

王大中一时不解，就问旁边的贺美英。贺美英告诉他，有的同志提出，当年"自强不息，厚德载物"成为校训并不是学校会议决定的，也没有查到学校当年的相关文件，因此大家认为也不必由学校作出决定，希望仍然通过师生的集体意志把校训重新确立起来。

王大中默然点头。人心认同的，还是回归人心选择。

1998年，正值王大中所在的物八班毕业40周年。大家讨论给母校捐赠纪念品时，采纳了王大中和另一位同班同学、时任常务副校长梁尤能的提议，赠送了一块书写着"自强不息，厚德载物"的横匾，立在学校图书馆。

2000年，清华建校89周年校庆前夕，校报《新清华》特刊准备发表党委宣传部关于清华校训的解读和校歌歌词释义的两篇文章。贺美英审查报纸小样时提出，在标题的"校训""校歌"前都加上"老"字，并要求把文章从醒目的头版调整到其他版面。这是贺美英处理疑难问题的一向风格，也是她的智慧所在。

1998年,王大中与同班同学、常务副校长梁尤能(左)在图书馆清华校训牌匾前合影(牌匾为1958届校友捐赠)。

从此,"自强不息,厚德载物"频频出现在清华的校内媒体、宣传品、纪念品乃至建筑物上,很多老清华人倍感亲切,越来越多的年轻学子穿上了印有清华徽记的紫色文化衫。

在2001年建校90周年庆祝大会上,清华校训出现在王大中校长的大会发言中。更重要的是,出现在江泽民总书记的重要讲话中。江泽民同志说:"清华大学建校九十年来,随着时代的步伐前进,发扬'自强不息,厚德载物'校训的精神,为祖国培养了一批又一批人才。清华的广大师生心系祖国和人民,为祖国科学教育事业的发展,为中华民族的解放和振兴作出了重要贡献。"全场掌声雷动,经久不息。

清华校训的回归,是正确的历史观和先进文化价值观的回归。当今时代需要的先进文化,包含着中华民族乃至世界文明的一切优秀文化。

中华民族的伟大复兴，也是中华民族优秀文化的伟大复兴。

清华校训的回归，波澜不惊，顺其自然。就这样，校领导们以自身的悟性和执着、智慧和策略，让清华的广大校友和师生员工以人心所向的方式作出了选择。

## 二、清华精神大讨论

关于这场大讨论的发端，要回溯到1997年全校教育思想大讨论前期大规模的毕业生调查。数据表明，20世纪90年代清华学生出国比例呈上升态势，约15%本科生和约20%研究生毕业后出国深造。社会上一度有"清华又成留美预备学校"之类的议论。

另一个现象是，清华校友长期建功立业的国家重点企业，尤其是条件艰苦的国防科工系统，已经多年鲜见清华毕业生，以至于这里的老校友慨叹"清华的香火要断了"。即使到了国有大中型企业的一些清华毕业生也不断"跳槽"，令许多人扼腕叹息。这引起了学校党委的高度重视。

### 正视问题，因势利导，抓住转机

在1997年8月全校暑期党政干部会上，王大中以略带沉重的语气讲到，要把清华建设成为培养社会主义建设者、接班人的重要阵地，我们必须正视人才培养面临的两个尖锐问题，一是出国比例高，二是去国家急需的地方少。他告诫说，这个趋势还有上升的可能，如果我们解决得不好，就不好向国家交代了。

他为此提出三点要求：一是德育教育和思想政治教育要多样化，不能光靠课堂教学，课程要改革，要和社会实践相结合；二是坚持向社会开放办学，为国家和区域发展服务；三是继承和发展清华优良传统，这个传统就是为国为民的革命精神，是"自强不息，厚德载物"的校训，是"严谨、勤奋、求实、创新"的学风。清华宝贵的精神财富要继承和发扬。

这三点要求，成为随后几年贯穿全校教育思想大讨论、学风建设大讨论和清华精神大讨论的一条主线。同时，学校采取各种措施，面向国家急需人才的重点企业、重点部门和地区，加强了成规模培养人才的探索和实践。

工程物理系率先以第二学士学位教育方式为中国核工业总公司（现中核集团）培养核工程技术人才，连续多年，缓解了该公司核技术专业人才青黄不接的危机。这一开端，奠定了清华面向国有大型军工集团实施定向人才培养的基础。

1998年，为加强清华和国防科工系统的全面合作，学校成立了专门机构，由党委常务副书记陈希兼任办公室主任，会聚全校优势学科，加强面向国防科工领域的人才培养和科技合作。

在改革人才培养模式过程中，清华调整工程硕士专业学位教育，把一批工程硕士工作站设到国防科工下属企业。

1998年，在教育部协调下，清华在国内高校中率先和总政治部签订培养"国防定向生"协议，成为首批试点高校。2000年，国务院和中央军委下达文件，依托普通高校培养军队干部后备人才，成为我国科技强军的重要战略举措。

### "两弹一星"精神和清华

在20世纪五六十年代，大批清华人隐姓埋名投身国防科工战线，为我国成功研制原子弹、氢弹和卫星等重大工程作出了重大贡献。1994年10月16日，是我国成功进行第一次核试验30周年。根据学校党委的部署，清华举行了系列纪念活动，使广大青年学子深受教育。

1999年新中国成立50周年前夕，党和国家隆重表彰了"两弹一星"功臣，受表彰的23位功臣中有14位清华校友，这在全校师生员工中引起热烈反响。在贺美英主持下，学校党委作出决定，在全校开展学习"两弹一星"精神和先进事迹的活动。

在2000年暑期全校党政干部会上，学校领导班子提出，在建校90周年之前，通过全校大讨论，弘扬清华精神，推进学风和校风建设，凝聚人心，教育学生。

是年11月5日，"两弹一星"功臣报告会在清华大礼堂举行。第一次核爆炸现场指挥、中国核武器研究院首任院长李觉将军和"两弹一星"功臣彭桓武学长来到清华，追忆当年研制"两弹一星"鲜为人知的历史。

李觉将军说，清华的邀请我们无法拒绝，因为你们有那么多校友为"两弹一星"作出重大贡献。彭桓武学长讲到，当年在国外的研究正一帆风顺时他选择了回国，有人问为什么，他说"回国不需要理由，不回国才要问问理由"，这让师生们受到强烈的心灵震撼。大家知道，除了14位受表彰的功臣校友，清华还有数以千计的校友为此默默奉献一生，光是第一次核爆炸试验现场就有27位清华校友。两位老人的报告，让在场师生无不为之动容。

"两弹一星"精神为弘扬清华精神注入了强大活力。2000年11月底，全校研究生"我的事业在中国"主题活动揭开序幕。随后，以"我的事业在中国"为主题的各种座谈会、讨论会、报告会在全校迅速展开。

"我的事业在中国"，清华的许多老一辈校友就是楷模。中国工程物理研究院是承担我国核武器研究的重要基地，也是众多清华校友披肝沥胆报效祖国的地方，但这里却一度出现清华人才断层的危机。在党和国家关心下，王大中、贺美英、李传信等学校领导和老同志相继带队亲赴基地，双方共同努力，把清华的"香火"续上了。在弘扬清华精神主题活动中，中国工程物理研究院副院长杜祥琬院士以"做民族的脊梁"为题的精彩报告，让清华学子又一次受到深刻的教育。

"我的事业在中国"，清华的干部、教师都有切身体会。学校和院系领导、老教师、老校友纷纷结合亲身经历，谈自己对清华优秀传统和清华精神的理解。面对面的师生互动，各种感人至深的肺腑之言，犹如春风化雨，不断沁入年轻的清华学子的心田。

2001年3月22日，王大中校长在全校本科生大会上作了《继承和发扬清华优良传统，培养高素质骨干人才》的主题报告。他回顾清华90年历史，列举清华培养的学术大师、兴业之士和治国英才，解读清华建设世界一流大学的历史使命，诠释了清华精神和"自强不息，厚德载物"的校训。他还针对少数学生中存在的学风问题，阐明了为人和为学的关系。校长报告把清华精神和学风建设紧密联系起来，在全校学生中引起热烈反响，为校庆活动对学生的教育发挥了先导作用。

清华精神大讨论是一次特殊的精神陶冶，是一次由校友和师生共同参与的对清华精神的集体凝练。

在庆祝建校90周年时节，学校党委把集体凝练的结晶归结为以"爱国奉献，追求卓越"为核心的清华精神。这种精神连同"自强不息，厚德载物"的校训、"行胜于言"的校风和"严谨、勤奋、求实、创新"的学风，形成清华继往开来、不断进取的宝贵精神财富，成为一代又一代清华人共同践行的人生座右铭。

## 三、九秩华诞彰显清华魂

2001年4月，紫荆花开，春色满园，建校90周年校庆系列活动拉开帷幕。校庆前夕，江泽民总书记为清华大学题词："建设世界一流大学，为实现中华民族的伟大复兴而努力奋斗！"历史和现实的交汇，宛如一部雄伟浑厚的清华精神交响曲，激荡在校园内外。

### "清华大学的光荣，中国知识分子的骄傲"

4月29日上午，清华大学建校90周年庆祝大会在新落成的综合体育馆隆重举行。

中共中央总书记、国家主席江泽民，中央政治局常委、国务院总理朱镕基，中央政治局常委、国家副主席胡锦涛，中央政治局常委、国务院副总理李岚清等党和国家领导人莅临清华。

容纳5000人的会场，喜庆中带着庄严。主席台左侧以国外大学校长、各兄弟院校来宾和本校教师代表为主；右侧以返校校友代表为主，现任省部级领导干部的校友多在其中。当年的师生、同学相逢，此时多以微笑、点头和挥手示意彼此传递和交流心中的激动和喜悦。

主席台的正面，是身着清华紫色文化衫的三千学生代表，恰似一片充满青春活力的紫荆花。他们第一次如此近距离地面对党和国家领导人，第一次感受如此之多的校友几代同堂的温馨。尽管大多数熟悉的名字对不上陌生的面孔，但他们知道，今天这里众星璀璨。

中共中央总书记、国家主席江泽民，中央政治局常委、国务院总理朱镕基，中央政治局常委、国家副主席胡锦涛，中央政治局常委、国务院副总理李岚清出席清华大学建校90周年庆祝大会。
（新华社记者兰红光摄）

校庆期间，王大中校长在众多老校友中间。

面对主席台的二层，是来自全国各地著名中学的300多位特邀代表，这些常年向清华输送优秀学生的中学校长们应邀来校参加"21世纪高等教育发展趋势和清华的教育改革"论坛。今天来到校庆大会现场，是清华建校以来的第一次，也是他们毕生难忘的第一次。

王大中在大会上发言高度概括了清华的办学历程。他说："90年来，在推动我国和世界的科学发展、文化繁荣和社会进步的历史阶梯上，到处都有清华人在辛勤劳作，建功立业。我们可以列举出一连串大师、学者、科学家、艺术家、政治家、革命家的名字，他们的业绩骄人，彪炳史册。在中国科学院和中国工程院的院士中间，有401位曾是清华的教师或学生，有300多位清华校友担任过或正在担任着国家副部级以上的领导职务。"在发言的最后部分，王大中以坚定的语调宣示了清华大学力争建校百年跻身世界一流大学的决心。

2001年4月29日,王大中在清华大学90周年校庆大会上致辞。

    当日,清华的两个大型展览已经在中国历史博物馆(现中国国家博物馆)举行。一个是《今日清华——清华大学建校90周年综合成就展》,另一个是《今日清华——清华大学建校90周年企业成果展》。这是清华在校庆期间向党和国家、向社会公众的一次集中汇报,也是对王大中校长大会发言的生动注解。

    清华校友中的第一位女将军,1966年毕业于工程物理系、长年奋斗在西北某核试验基地的朱凤蓉少将作为校友代表发言。她说:"我们是从清华毕业的极普通的学生,只因为我们投身到了一个伟大的事业中,只因为我们把自己的理想追求同国家和民族的命运结合起来,才体现了我们自己的人生价值。"这时,主席台上的中央领导人带头鼓掌,全场掌声雷动,场面感人至深。

    江泽民总书记的重要讲话把会场气氛推向高潮。他从闻一多、朱自清的爱国情怀、民族气节,讲到为"两弹一星"作出突出贡献的清华校友。他说:"在我国革命、建设和改革的各个历史时期,许许多多的清华人,响应党和人民的召唤,在各条战线上艰苦奋斗,为祖国和人民建功立业。他们是清华大学的光荣,也是中国知识分子的骄傲!"

在全场经久不息的热烈掌声中，每一个清华人都感到热血沸腾。母校的光荣和骄傲，是一代又一代的清华人以对国家、对民族的赤胆忠心，用追求卓越的呕心沥血铸就的。"清华大学的光荣，中国知识分子的骄傲"，是党和人民对清华精神的最高评价。

校庆期间，清华收到30多个省、自治区、直辖市以及香港、澳门两个特别行政区政府的贺信，更多的贺电、贺信来自地市州党委、政府以及海内外企事业单位。这集中反映出改革开放以来清华积极开展区域合作、社会服务、国际交流所形成的广泛影响。

### 清华园里论卓越

随着同世界名校之间的合作与交流日益频繁、活跃，到2000年，清华已经和126所世界高水平大学签署了合作和交流协议。清华90周年校庆，无疑是清华与世界名校加强交流和切磋的良机。

应王大中校长邀请，英国牛津大学、荷兰德尔福特大学、德国亚琛工业大学、澳大利亚悉尼大学、日本京都大学、早稻田大学、美国华盛顿大学、韩国浦项工业大学、加拿大不列颠哥伦比亚大学等9所国外大学的校长，台湾新竹清华大学、香港大学、香港中文大学、香港科技大学等4所港台地区大学的校长，北京大学、浙江大学等11所内地大学的校长，汇聚清华园，就共同关注的21世纪高等教育发展趋势和高水平研究型大学的建设开展讨论。

这是一次以大学校长为主角的国际教育思想讨论会。王大中校长以构建开放式办学格局的理念，策划和主持了校庆活动的这一特别项目。

关注21世纪科技、经济发展和大学的使命，是华盛顿大学等北美大学校长发言的主题，他们以"研究型大学的未来""21世纪研究型大学的历史使命"等议题对高等教育改革和发展趋势进行了深入分析。

关注研究型大学的学术水平和人才培养的关系，是中外大学校长讨论的一个共同话题。因为无论是处于转型期的中国"985工程"重点建

2001年4月，王大中（前排左七）和参加中外大学校长论坛的校长们合影。

设大学，还是国外老牌的研究型大学，都会经常发生学术研究和本科教学的关系失衡，校长们对建立相应的学术责任机制和激励机制尤感兴趣。

关于经济全球化和大学的国际开放，来自欧洲的大学校长以"加速具有自身特色的国际化进程""国际化背景下的学科交叉与融合"等议题发表见解，中国大学校长侧重对增强中国大学的国际竞争力提出对策。

建设世界一流大学问题更是少不了的关注点。柯林斯·卢卡斯（Colin Lucas）长期担任牛津大学校长，对当代国际高等教育很有研究，他的见解让王大中极为认同。他说，世界一流大学的标准是难以概括的，不过当代世界一流大学都享有极高的声誉，这是长期形成的；任何一所世界一流大学都必须国际化、有活力和创新能力，并且拥有不断涌现的重大科技成果。在第二天上午的庆祝大会上，卢卡斯代表国外大学校长发言，以自己对世界一流大学的特有见解，对清华的办学声誉给予高度评价。

2001年大学校长论坛期间,王大中(左二)向牛津大学校长柯林斯·卢卡斯(左一)介绍嘉宾,副校长胡东成(右三)陪同。

校庆期间,也是各种高端学术交流活动的高峰期。学校先后组织了600余场学术报告。其中,几十场国际学术大师的报告场场爆满。清华学子表现出的求知欲远非世俗的"追星"现象可比,他们不见得能够理解自己尚未涉猎的许多学术前沿问题,但正是这些来自学术大师的挑战性命题,对年轻学子的求知欲产生了极大诱惑力,成为激励他们在科学领域追求卓越的启蒙。

### 同源同根的两岸清华情

两岸清华首次聚首共庆90华诞,在清华办学历史上具有标志性意义。

1948年,担任清华校长长达17年的梅贻琦先生离开北京清华园。辗转多年之后,于1956年在台湾新竹创办了另一所清华大学(新竹清华)。一个仿制的"二校门",几处秀水园林,荷塘曲径,寄托着故园情结。

60年代初，梅贻琦先生逝世之后，夫人韩咏华女士几经辗转回到北京，和留在北京清华当教授的小儿子梅祖彦一家团聚，在清华园里安详度过晚年。

尽管两岸阻隔，旅居海外的清华校友始终都属于同一个校友会。每个校庆日，同源同根的清华文化，都会把两岸清华校友联结在一起。

随着两岸关系的解冻，两岸清华加强了相互交往。1995年，两校正式签订合作协议，全方位合作日趋活跃。每年校庆日，两校领导和校友会之间都会互致贺函贺电。

1995年12月12日，王大中和台湾新竹清华校长沈君山（左）共举"水木同源"牌匾。

在筹备90周年校庆期间，王大中校长和新竹清华的刘炯朗校长就两校同庆一事作出具体安排。新竹清华提前一周举办校庆，王大中率团参加；而后，刘炯朗带队参加北京清华举行的庆典活动。

2001年4月22日，王大中校长率领北京清华代表团出席新竹清华校庆活动。"两岸清华同庆建校90周年，是因为水木同源，清华同根，把我们紧密地联系在一起。"王大中在致辞中，深情回顾了清华初创时期到西南联大共赴国难的历史，并以铭记"自强不息，厚德载物"的校训，继承和发扬清华精神，共同为新世纪的目标而努力的祝愿，表达了两岸清华的共同心声。

在台短短两天，王大中拜会了许多老学长，两校举行了文化、体育、科技园区建设等多项交流活动，相关报道频现媒体。当时岛内民进党当政，在台独势力"去中国化"的寒流中，两岸清华同根同源的宣示和交往，如同一股春天暖流，引人关注。

几天之后，刘炯朗校长亲率庞大的新竹清华代表团来京，他的前任沈君山先生坐着轮椅随团同行。在工字厅内，两校同仁一见如故，就加强人才培养、科技研发和科技园建设等深度合作达成共识。

### "腾飞·清华"

在当天的校庆盛会之后，盛大的"腾飞·清华——90周年校庆文艺晚会"在西大操场举行，把校庆盛典推向又一个高潮。

这是一场没有专业演员却远超乎专业演出效果、以讴歌清华精神为主旋律的文艺汇演杰作。晚会从组织、策划到演出，几乎清一色"清华牌"。北京清华的学生艺术团，从军乐队、合唱队、民乐队、交响乐队、舞蹈队、话剧队到曲艺队，阵容强大；来自国内各条战线和海外的清华校友各显

2001年4月，王大中、老校友蒙民伟先生和参与校庆演出的同学们。

身手；新竹清华学生艺术团同台献艺。整场晚会精彩纷呈，高潮迭起；台上台下，真情交融。其中的两个节目特别令人印象深刻。

一个是新竹清华师生表演的舞蹈《寻迹》。舒缓的舞曲带着几分幽思，表达寻觅的舞姿透出渴求的期望。台下热火朝天的气氛顿时变成春风细雨般的宁静，似乎和台上发生着心灵的共鸣。节目结束时，师生们报以热烈的掌声，同时还在品着其中的韵味。

另一个是全场压轴的"鄂尔多斯舞"，登台主角有王大中校长、国家经贸委副主任陈清泰、北京市副市长胡昭广等校友，有上世纪五六十年代的校学生文工团舞蹈队的老队员，还有年轻的学生舞蹈队队员。这个几代同台的特殊阵容一亮相，立即引来满场喝彩声。在激扬飞越的蒙古族乐曲中，策马扬鞭的矫健舞姿，驰骋草原的豪放气度，形神合一，淋漓尽致；台下的掌声和欢呼声此起彼伏，晚会气氛达到最高潮。

2011年，清华百年校庆晚会上王大中再次登台翩翩起舞。

年轻的校友和同学们没有想到，平时在他们眼中不苟言笑的王大中校长，舞起来竟然如此"科班"，如此充满青春活力。当时他们还不知道，时年已届66岁的王大中校长，早在中学和大学时代，就是学校文艺社团里的骨干。此后，"大中之舞"在清华校友和师生中传为佳话。

当五彩缤纷的焰火礼花照亮清华园夜空时，几代清华人的思绪飞越苍穹。历经90年艰难曲折写下壮丽史诗的母校，肩负中华民族伟大复兴的历史使命，正在向着新的目标发起新的冲击，清华的史册又翻开新的一页。

## 四、严谨为学，诚信为人

校风是大学精神的集中体现。教师的治学态度和学生的学习态度包含了为人和为学的价值观，成为校风的重要特征。在改革开放大潮中，面对日益开放的世界和国家经济社会发展的快速转型，清华历届领导班子从未松懈过学风建设。王大中接任校长之后，清华进入力度空前的教育教学改革时期，他始终十分重视清华学风建设。

### 优良学风弥足珍贵

清华自建校以来，就以治学严谨、英才辈出而闻名海内外。及至多科性工业大学时期，学校更以严字当头的学风成为"工程师摇篮"。

20世纪80年代，在李传信书记和高景德校长任上，学校总结出"严谨、勤奋、求实、创新"八字方针，成为清华学风深入人心。学风建设被清华列入本科教育教学的"四大基本建设"，并逐渐扩散到其他高校。

从辅导员、班主任，思想政治课教师，学生党、团组织和学生会及各种学生社团组织，到工会、后勤系统各种服务机构，清华形成了独特的全方位教书育人体系。清华学生的自我教育意识和首创精神，在清华园里不断激荡起新时期的文明新风。

"从我做起，从现在做起"，1977级清华化工系学生喊出的这句口号，代表了摆脱"文革"消极影响的自我觉醒，从清华传遍全国。

"甲级团支部"和"优良学风班"建设，使大学教育的"基本单元"充满正气，对清华提高人才培养和教学质量发挥了基础性作用。

由清华发起的"挑战杯"大学生课外科技竞赛，经过团中央和全国学联等组织的运作，成为全国性的大学生赛事，激发着创新精神。

大学生社会实践，寻访校友足迹……一个又一个的创意和行动，不断丰富着清华的"文化基因库"。

王大中接任校长之后不久，清华的学风状况接受了两次"意外测试"。

一次发生在1995年夏季。当时北京城里一度"麻将风"盛行，波及许多高校，导致部分大学生学风严重滑坡。北京市某杂志社听说清华未受影响，将信将疑，组织了一次记者"夜间突袭"行动，从学生宿舍到教室，随机抽样。记者们对清华教室的上座率做了抽样统计，用几乎座无虚席加以概括。去学生宿舍查访的记者写道，留在宿舍的学生不多，但也几乎都在埋头看书或者做作业。调查报告最后提到，连夜间在教学区做小买卖的老太太都知道，清华学生现在不会出来买零食……杂志社发稿之后，清华领导才知道此事。

另一次是在1995年底。由国家计委、教育部和财政部组织的专家组入住清华园，对清华"211工程"第一期建设规划进行论证。专家组组长、浙江大学校长路甬祥对南京大学校长曲钦岳等同行提出，今晚大家来个私访，分头到教室、学生宿舍走走，看看清华学风到底怎样。第二天，这些校长把私访情况告诉了王大中，连说清华学风扎实，百闻不如一见。

但此时的王大中并不感到轻松，甚至有些不安。他知道，学分制的实施只是开始，此后教育教学改革的力度会不断加大，给学生创造更多的个性发展空间是改革的目的之一，但在市场经济的大环境中，清华的学风会发生什么样的变化，还难以预料。

### 转型期的学风面临新问题

几乎所有的变革，都意味着对现存秩序和观念的冲击，都会出现不同状态的"过渡过程"。

清华在战略转型期的学风状况也经历了这个过程。全面实施学分制，增加了学生选课的自由度，也出现了"同班不同学"现象，学生的课堂考勤和教师的课堂考评受到影响；一些教师和干部强调"目标管理"，淡化"过程管理"，建议对学生实行"严进严出"；教师队伍新老交替，带来治学观念和风格多样化，不同的治学和管理理念时有冲突；传统的管理体制约束出现多处松动，新的管理体制又未一步到位。

随着学习选择机会的多样化，学生的自我约束力也面临新挑战。部分学生选课带有盲目性，造成"消化不良"；部分学生的重修课程未及时补上，累计不及格学分超越底线造成肄业或得不到学位；部分学生花很多时间考TOEFL和GRE准备出国；少量学生沉迷网络游戏遭中途淘汰；更有甚者，极个别学生为了出国深造而涂改成绩、伪造导师推荐信等不端行为在国外曝光，引起全校震惊。

首次实行学分制管理的1995级和1996级临近毕业时的统计数据，引起了王大中的高度关注。有一个毕业班，30名学生中竟有8人因累计考试不及格达到3门，无法获得学位。王大中感到，实行学分制以后的本科教育改革差不多已经历一个周期，需要对全局情况进行调研分析，才能抓住深层次的关键问题继续推进改革，学风问题是在改革过程中出现的，也必须在深化改革过程中因势利导，及时解决。

### 全校本科生学风状况调查

在2000年寒假务虚会上，经王大中提议，领导班子决定在当年秋季学期召开第21次全校教育工作讨论会，并在上半年开展全校学风状况调研和学风建设动员，作为讨论会的准备。

为了全面准确地掌握学风现状，学校让有关部门先后进行了两次全校范围的学风情况调查。第一次是在 2000 年 3 月，对 3000 多名本科生、3000 多名研究生和 400 多名教师进行了问卷调查和座谈访问。

调研与分析表明，清华学生的学风主流是好的。学生中认为学风好和较好的占 81.7%，教师中认为学生学风好和较好的占 83.7%。

学风下滑主要表现在，部分课堂教学秩序混乱，纪律涣散；部分课堂上学生摆着课本，带着耳机听外语；部分学生抄袭作业现象严重；少数迷恋网络游戏，等等。学风下滑造成的影响也反映在 1997—1999 年三届毕业生中，因功课不及格而只能结业的学生比例上升，其中 1997 级比 1994 级学生的结业率上升近 3%。

根据调研数据，教务处对学风状态和主要影响因素进行了归类分析。教学效果好的课程，学风也好。名师上大课，学生照样抢座位，连通道都会挤满人。这部分课程占大多数，教师和学生对学风状态满意度较高。

学风出问题多数集中在部分内容陈旧、教学方式单调的课程。学生提不起兴趣，教师不管不问，个别教师甚至以考试为"杀手锏"惩戒学生，造成教学效果差、学生满意度低和不及格率高。

教学管理环节的漏洞主要出现在重修课程安排时间滞后，对学生累计不及格学分缺乏"预警"机制，少数班主任责任心差，以致有些学生不及格累计学分超过底线，本人还不知道。

在学生层面，受出国热、经商热等影响而诱发的功利追求和浮躁之风，负面影响有所上升，实质上反映了部分学生中的价值观、人生观的混乱，对加强素质教育的针对性和有效性提出尖锐挑战。

在 8 月召开的全校暑期党政干部会上，王大中校长在加强人才培养问题上强调了两个重点。一个是确立 21 次教育工作讨论会重点深化教育教学改革，以构建适应当代科技和经济社会发展需要的课程内容，理顺教学管理体制为主要任务，明确宣布校长、院长、系主任对于人才培养质量的"第一责任人"机制。另一个是把加强学风建设、校风建设（特别是教师治学态度）和学生的德育教育、思想政治工作等统筹起来，发动全校教职员工参与讨论。

从毕业生调查和学风状态调查入手，王大中和学校领导班子抓住影响全局的两个重点，一手推进教育教学改革的深化，一手加强校风和学风综合建设，继承学校优良传统，形成新时期的学校精神文明新风。

### 一场深刻的学风教育报告

2001年秋季学期，全校进行了第二次学风状态调研分析。以1996年及以后入学的学生为重点，汇集了近4年学生考试、毕业及结业统计情况，收集和分析了约30万个数据。校、院系干部深入课堂听课1041课次，晚自习查访390个宿舍2100多人，对不及格课程门次较多的127名学生进行了个别访谈。

通过对几届学生学风状态调研分析，学校确定把构建研究型大学课程体系作为"十五"期间深化教育改革重点任务，同时决定将下一年定为"学风建设年"。

2002年3月14日下午，全校召开了学风建设动员大会。王大中校长作了《严谨为学，诚信为人》的主题报告。

从"为学须笃行""为人重诚信"到"为学如为人"，王大中把学风建设归结到"为人"的根本，提出从学生自身、教师治学、学生管理和思想政治工作等多方面动员和组织全校力量，全方位推进高素质、高层次的创新型人才培养。

讲到为学与为人，他特意引用了朱镕基总理1992年给清华电机系成立60周年写的贺信。信中写道：

"四十多年前，母校电机系主任章名涛教授在一次会上对我们讲过这样一段话：'你们来到清华，既要学会怎样为学，更要学会怎样为人。青年人首先要学为人，然后才是为学。为人不好，为学再好，也可能成为害群之马。学为人，首先是当一个有骨气的中国人。'哲人已逝，言犹在耳。清华就是教我们'为学'，又教我们'为人'的地方，它以严谨的学风和革命的传统,培养了一代又一代献身革命和建设祖国的'有骨气的中国人'。饮水思源,终生难忘。为学在严,严格认真,严谨求实,严师可出高徒。为人要正,正大光明,正直清廉,正己然后正人。清华电机系行年六十,弟子六千,为人为学,人才辈出。值此建系六十周年大庆,敬录章师名言,愿与同学共勉。"

王大中强调,为学和为人是统一的,重要的是在求学过程中明白做人的道理,只有为人志存高远,为学才能坚持不懈。同学在校养成一个什么样的学风,不但会影响到大家在校期间的学习,而且会影响到一生如何为人。

经历了90周年校庆期间清华精神的强烈感染,学生们对王大中校长的报告反响格外热烈。此后,"严谨为学,诚信为人"主题教育活动在全校师生中广泛开展。学校还出台了《清华大学教师科研道德守则》,进一步促进师德建设;从教务管理信息化建设和工作人员责任心两方面入手,教学过程管理进一步完善。

"严谨为学,诚信为人"的横幅定期悬挂在校园主干道醒目处,与镌刻在第三教学楼的"严谨、勤奋、求实、创新"学风相互呼应,正气盎然的教学氛围形成了潜移默化、催人向上的正能量。

世纪清华,新的启航。继王大中、贺美英之后,清华大学在顾秉林校长、陈希书记以及胡和平书记的带领下,以第二个九年改革发展的新成就迎接建校100周年。在象征快速、可持续发展势头的各种数据后面,是清华精神薪火相传,在新征程上不断谱写新的篇章。

清华的上一代有一千条、一万条理由为后来者加油和祝福,因为他们是追逐世纪清华梦的中坚力量,是实现中国梦的"中流之砥柱"。

# 第十章

## The Tenth Chapter

办学治校的高超艺术

# 办学治校的高超艺术

> "办学治校是校长最主要的职责。一位优秀的大学校长,应该是具有政治头脑的教育家和管理者。"

世纪之交的10年,被认为是清华建校以来发展最快的时期之一。除了许多众所周知的外部条件,特别是国家启动"985工程"等重大历史机遇,自然还有这一时期清华的许多内在因素。王大中校长主持了清华战略转型之重大决策,又和领导团队一起,组织了强有力的实施;全校干部和师生员工齐心协力,推动学校各项事业保持又好又快的发展态势。核能专家出身的王大中为何能很快进入校长角色,并且能够有所作为?这里试图对王大中主理清华校务的校长之道作一些粗浅的探讨。

## 一、战略企划的谋势之道

《孙子兵法》有"善弈者谋势,不善弈者谋子"之说。所谓谋势,就是审时度势,把握全局的战略谋划能力。王大中校长任上,清华领导班子的决策力强而失误率低,重要原因之一就是善于谋势,作出正确判断。

### 抓住重大机遇"乘势而上"

清华工字厅里一块老校友赠给母校的牌匾上书:"强国富民,清华之志"。这种崇高理想,激励着一代又一代清华人跳出小我,超越自我,总是站在国家长远发展的战略全局思考问题,采取行动。

王大中是一名在清华的教育培养下、在重大科技项目攻关中成长起来的科学家、教育家,具有全局意识和国际视野,长于战略思维、系统思考。他注意从政治上观察和分析问题,善于从世界教育科技发展趋势和国家现代化建设全局中把握学校的发展方向。

他根据党中央作出的科教兴国重大战略决策,把握世界一流大学的共性特征和发展规律,主持确立和实践"综合性、研究型、开放式"的办学思路,明确了清华建设世界一流大学的基本路径;他抓住国家实施

"211 工程""985 工程"的历史契机，加快推进学科布局和人才培养的结构调整，推动实施了一系列影响深远的改革发展举措；他根据我国全面建设小康社会的战略部署，提出了建设世界一流大学"三个九年，分三步走"的发展战略。凡此种种，不胜枚举。

统一认识，志同道合。贺美英、陈希等几任校党委书记反复要求班子成员带头做到对党的理论路线方针政策认识一致，对党的教育方针和学校办学指导思想认识一致，对学校历史、现状和未来发展目标认识一致。三个"认识一致"，为学校领导班子、干部队伍、师生员工奠定了团结奋斗的思想基础，使清华能够着眼大局，把握大势，抓住机遇，乘势而上。

### 学科布局调整的"势在必行"

清华从多科性工业大学转变为综合性大学，在学科布局、学科结构调整过程中并非没有争议。"有所为"难，"有所不为"更难。在两难之中，王大中的谋事之道主要体现在对"势在必行"的正确判断。

一是对传统优势学科发展趋势的判断。王大中、梁尤能等主要领导抓住信息化和工业化相结合的发展趋势，对清华在传统工业化时期形成的学科进行结构性调整，提出"学科群"理念，打破传统体制壁垒，在信息、先进制造、新材料、新能源及环境等领域抢占先机；促使人才培养模式摆脱过去形成的专业局限性，适应后工业化时代的需求。可以想象，如果没有当年对传统工科的结构重塑，清华工科优势将难以为继，人才培养的竞争力必然受到影响。

二是对基础研究发展趋势的判断。20 世纪 90 年代，清华发展工科优势没有争议，但对做强理科，却仁智之见纷纭。王大中通过深入调查研究，形成振兴理科决策，面对各种阻力决不动摇。今天，清华理科、生命科学等后发优势逐渐显现，对清华学术声誉的贡献度明显提升。随着企业的技术创新主体地位逐步确立，中国研究型大学在基础研究方面发挥更大作用是必然趋势。

三是对文科建设方向的判断。王大中、贺美英和清华领导班子对基础文科、应用文科的布局,除了遵循文科建设规律之外,更多是基于对我国进入后工业化时代发展趋势的判断。21世纪的经济形态、法治建设、社会管理、文化建设等,决定了在治学、兴业和理政等方面的骨干人才中,文科出身的比例会不断上升;清华对国家的贡献,不能仅局限于科技领域,还应具备智库功能。如果没有当时的文科布局,清华势必在当代经济社会发展的许多领域"自我矮化",对学生素质教育方面也难以提供综合性的优质资源。

学科布局决定人才布局,学科结构就是人才结构。决策的一拍之差,有时会造成一二十年也无法弥补的遗憾。

### 人才培养的"因势利导"

人才培养是学校的根本任务。在王大中校长任上,清华基本实现了向"综合性、研究型、开放式"大学的转变,初步形成了以"高素质、高层次、多样化、创造性"为目标的人才培养体系。当时,全校开展了一系列讨论,目的都是为了回答21世纪的清华培养什么人、如何培养人的问题。

20世纪90年代,清华的人才培养面临两个重要问题,一个是实施学分制后的"转轨期",一度学风滑坡、淘汰率上升;另一个是毕业生出国多,去国家急需的地方和单位就业的少。解决这两个问题,不能倒退,更不能"关门"。王大中的谋势之道体现在学校领导班子因势利导的许多决策上。

他根据学风状况调查,提出三方面对策,一是加快课程结构调整和教学内容更新,二是加强教师的责任心和教学过程管理,三是对学生开展为人和为学的教育。多管齐下,使得清华学风在新时期与时俱进。

在对待学生出国和就业问题上,学校一方面通过招收培养定向生、国防生,满足国家的人才急需;另一方面,大力传承弘扬清华精神,让"我的事业在中国"的价值观深入人心,取得积极成效。

今天,虽然同世界顶尖大学相比,清华"在培养拔尖人才方面还不突出"①，但清华人才培养总体水平在世界一流大学群体中已经享有良好声誉，而且必将随着学校全面深化改革的推进继续保持和不断提升。

## 二、实事求是的思想作风

实事求是，是清华领导班子一以贯之的优良传统。王大中在学校改革和发展的决策中，解放思想，实事求是，体现了清华办学的个性特征。

### "走自己的路"

清华办学一直坚持自己"着重提高，在提高中发展"的取向，本科教育规模基本保持稳定，为研究生培养留出发展空间。控制规模并不容易，对内对外都面临压力。在校内，人们习惯于"加法运算"而不愿做"减法"，新建学科专业要招生，老牌院系要"保护底线"，连撤销夜大学也有人要"严防死守"。社会上，高校大扩招使人们接受高等教育的愿望从"有学上"变为"上好学"，考生和家长追求"名牌大学精英教育"的心理需求激增，各地各级领导也希望清华增加招生名额……学校始终保持清醒头脑，反复耐心沟通，求得各方理解和支持。

在对待高校后勤服务社会化改革、营建北京市高校学生住宅区等问题上，清华同样坚持实事求是的原则，采取了与众不同的处理方式，既尊重了办学规律、维护了学生权益，又借助市场机制提高了资源利用效益，避免了一些高校所走的弯路，创造了适合国情和清华校情的成功经验。

面对国内外各种大学排行榜，王大中等学校领导反复强调，世界一流大学是共性与个性的统一，清华建设一流大学，要从中国国情和学校实际出发走特色发展道路，首先要为国家现代化作出重要贡献。针对一些盲从国外大学做法的倾向，陈希在强调"不唯书，不唯上，只唯实"

---

① 陈吉宁．全面深化教育改革　大力提升人才培养质量——在清华大学第24次教育工作讨论会闭幕式上的讲话(2014年10月16日)．http://news.tsinghua.edu.cn．

的基础上,后来还提出要"不唯洋""不从众"。这"四不一唯",正是清华长期坚持实事求是思想作风的生动写照。

"选自己合脚的鞋,走自己认定的路"。在把牢正确办学方向的前提下,大学领导者只有敢于和善于坚持实事求是,解放思想,创造性地开展工作,学校才能办出特色、办出水平。

### "继承不泥古,发展不离宗"

清华有着深厚的文化积淀。新中国成立以后,蒋南翔校长曾经以"三阶段,两点论"对清华的办学历史作过精辟的分析,科学诠释了继承和发展的辩证关系。

新时期,清华历届领导班子确定的发展战略和重要决策都具有很好的延续性。用王大中的话说,就是清华前后任之间没有"翻烙饼""炒冷饭"现象。清华能够长期持续稳定健康发展,一个重要原因在于每一届班子既重视继承,更重视开创。

王大中接任校长以后,启动了清华新的系列改革和建设。开篇的一连串大动作,都源于前任班子的战略设想和改革发展积累,但新班子又抓住机遇,形成建设"综合性、研究型、开放式"大学的战略转型行动纲领,在战略目标的具体定位和可操作方面迈出关键一步。

改革深入、转型加速,不时会和某些传统观念发生不同程度的冲撞。布局和支持新兴学科,有人担心削弱工科的传统优势;统筹本科和研究生教育,缩短本科学制,有人担心伤了清华办学"元气";学校接受海外捐赠为基础设施冠名,恢复老校训,有人担心丢了清华革命传统……王大中、贺美英等学校主要领导对待继承、改革和发展之间的关系,既讲原则,又用智慧。对于重大改革举措,对于不同意见,他们重视充分交流和沟通,取得更多的理解。正因为领导班子善于凝心聚力,清华才有改革和发展的高速度、高质量。

在清华90周年校庆大会上,王大中对跻身于世界一流大学行列的表述,与1985年学校党代会提出的愿景以及1993年暑期干部会确立的目标表述相比,体现了与时俱进的明显特征。三种表述,代表了三个阶段之间的继承和发展，宛如一部交响曲，不同的乐章，同一个主旋律。

"继承不泥古，发展不离宗。"清华的历史实践和王大中校长时期的探索再次证明，志在高远，脚踏实地，推陈出新，科学发展，才是对优秀传统真正的继承和发扬。在继承中开创，在开创中继承，才有可能在理论和实践的结合上体现与时俱进，真正推动事业不断发展进步。

## 三、堪当重任的领导气质

李传信等清华老领导多次说过，王大中是经过"200号"历练出来的，有主见，有魄力，悟性也高。

对此，王大中个人的感受是，做好学校领导工作至少要有三样东西，一是悟性，二是勇气，三是韧劲。这就是王大中富有个性色彩的经验，也是他从核研院院长到清华校长一路历练中形成的一种独特的领导气质。

### 悟性：对事业的上心用心潜心

做事上心，谋局用心，思考潜心，是王大中校长的一大特点，也许是解读他所说的悟性所在之处。

他做事上心，进入角色快。他提出了学校战略转型的大思路和一系列重要改革发展举措，表现出很强的大局意识和机遇意识。对于涉及学校发展的关键问题、事关师生员工利益的大事小情，他件件操心、事事躬亲，展现了强烈的责任意识和担当精神。

他谋局用心，谋定而后动。他对牵动全局的战略性问题和重要决策，倾注了巨大心血。他深入基层，深入师生，听赞同的声音，更听不同的意见；登门问计于老领导老校友，虚心求教于国内外同行，采他山之石，集各方之智。他通过直接观察、交流，尽可能占有第一手材料，又抓住问题的本质和全局的主要脉络。用王大中校长自己的话来说，就是"想明白了再干"。

他思考潜心，看问题入木三分。当清华校长，自然少不了各种社会交往，但王校长对此很有选择，可谓疏于应酬，勤于思考。他多次说过，当校长就得集中精力做校长该做的主要事情。他对清华的教育思想和办学理念等问题，显出特别的专注和思考的深度。在重要决策之前，"找个清静地方封闭起来"，思之再三，反复斟酌。他不是研究理论的教育学专家，却是成功践行的教育战略家。

王国维先生在《人间词话》中借三首宋词描述谋大事、做大学问者必经的三境界。王大中对事业的"上心"、"用心"和"潜心"，似与三境界有异曲同工之妙。做事上心，以"望尽天涯路"的执着直观体察，力求掌握第一手资信；谋局用心，以不惜"消得人憔悴"的缜密多思，力求达到行成于思；思考潜心，在中国探索建设世界一流大学，尽管问题繁复，通过"众里寻他千百度"潜心悟出，路，就在自己脚下。

### 勇气：敢于担当的责任意识和智慧运用

世纪之交，清华的改革力度和发展速度是空前的，学校面对的决策风险同样是前所未有的。

从多科性工业大学转向综合性大学，学科建设的资源配置成为风险决策的应力集中部位，如果新建学科不成气候，传统学科又受到削弱，就会伤及清华的元气，怀疑和反对的声音不小；改革人才培养模式，本硕统筹、学制缩短，少数老同志老教授有不同看法，担心危及办学的基础，班子内部也一度有犹疑情绪；动用"985工程"财政性拨款加强师资队伍建设，优先保证骨干教师待遇得到改善，更无先例可循，从上级领导部门的态度，到教职工的利益诉求，都有许多不定因素……诸如此类的矛盾和困难，贯穿于这一时期清华的改革发展进程中。

面对风险决策，王大中具有很强的承担责任意识和风险承受力，同时，善于发挥集体智慧、讲究策略。比如，缩短本科学制，他先采取个别沟通的方式，取得一些老领导、老教授的理解；再进行先期试点，分步推进，取得大多数院系认同；最后，自己出面召集会议，作出决定性的总结，使学制变动实现了平稳过渡。

王大中勇于承担风险的魄力和集体智慧的运用，得益于三任党委书记能够很好地发挥"政委"作用，努力把决策风险降到最低。主要领导的胆略、魄力以及领导班子的风格，形成一种无形的感染力，大多数部门负责人也敢于承担自己的责任，少有推诿扯皮现象，使得学校的决策具有很强的执行力。

### 韧劲：认定的事，开弓没有回头箭

王大中的工作作风硬朗，不但表现在决策的果断方面，更体现在处理改革发展重点和难点问题的韧性上。

教育工作具有长周期性。从事核反应堆工程的经历，让王大中深知，如果没有"十年磨一剑"的精神，是干不成大事的。学科建设、人才培养、队伍建设，他十年常抓不懈、贯穿始终；理科发展、文科布局、继续教育体制改革，他开展调研、主持讨论，多则几十次，少则十次、八次。他深知"抓而不紧等于不抓"，总是以锲而不舍的韧劲，做到言必行、行必果。

大学是言论自由、主意多的地方，做事情不要奢望所有人都叫好。王大中认为，只要是看准了的，经过科学决策、民主决策的事，就要坚持做下去，不轻言放弃。清华20世纪90年代实行学分制，必须取消几十年一贯的午休，实行午间排课，增加开课"窗口"。这个方案历经三次教代会，其间，学校不断加强配套措施，才最终顺利通过。实施一年后，硬件投入没有增加，教学资源利用率却大幅提升。王大中和学校领导班子在改革难点面前的承受力和韧性也从中可见一斑。

在清华历史上堪当重任者，必有历史的使命感，总是多些忧患意识，多些超前思考，多些赢得先机的抢滩布点，并直面可能的风险，勇于承担责任。

## 四、教授治学的理念与实践

大学主要通过教师的教学、科研等学术行为，履行自己的社会责任。而教授群体作为学术行为主体，对大学的综合实力和办学水平具有决定性作用。如何充分发挥教授群体的治学作用，是王大中校长任上推动学校加速战略转型、提高办学质量、建立现代大学内部治理结构的一个重要议题。

### 确立全面的教授治学价值观

在许多世界名校，如何处理学术自由和学术责任的关系，是校长经常面对的问题。曾任斯坦福大学校长的唐纳德·肯尼迪（Donald Kennedy）在专著《学术责任》中谈到，由于教授们过于强调学术自由，忽视本科教育，忽视对学生为人的关注和教育责任，加上学术道德方面时有丑闻，一度招致社会公众对大学的广泛批评和不信任。他强调应继续尊重学术自由，但大学必须明确学术责任，加强对学术自由的约束和规范。

在中国高等教育改革发展过程中，教学和学术研究的失衡，主要发生在重点名校。因学校急于向研究型大学转型，教授主体集中在科研和研究生教育，使本科教育难免受到影响。建立全面的教授治学价值观，是王大中校长任上清华领导班子的重要贡献之一。从本科实施学分制开始，他在处理教学和学术研究的价值关系方面采取了一系列行之有效的措施。

他对全校明确宣布校长是教学质量的"第一责任人"，各位院长、系主任必须对院系教学质量负起第一责任。在他的主持下，学校确立了"教学水平和学术水平兼备"的师资队伍建设方针，从本科教学开始设立关键岗位，率先大幅度提高岗位津贴；他亲自抓全校性的学风教育，坚持每年向全校本科生作一次报告，坚持学校领导每年集中听课一周；面向学生设立校长接待日，开通校长信箱；推进教书育人、全员育人……从治学理念、制度建设到亲自践行示范，王大中为确立全面的教授治学价值观打下了坚实的基础。

### 强化教授治学的制度建设

清华有"双肩挑"的传统，学校机关的管理干部大都有较强的业务背景，加上掌握一定的资源，话语权更多也更有分量，有时动辄一个电话把教授们指挥得团团转。王大中知道清华素有教授治学的传统，教授们对衙门作风很反感，要充分发挥教授治学作用，就必须改革内部治理结构，加强相应的制度建设。

首先是强化学术委员会的作用。1998年，学校根据高等教育法修订了学术委员会章程，充实了职能，赋予其在学科专业设置、校级学术机构设立以及教学方案重大调整等学术事务中的决策权，以取代原先的行政部门审批。

二是增加教授在教代会中的代表比例。以往，由于教代会、工代会的代表没有区分，职工代表比例偏高，关注和讨论的问题有一定局限，教授们也不太愿意参加。提高教授比例之后，教代会提案的质量显著提高，对提高学校的决策和管理水平发挥了重要作用。

三是建立人才引进的教授评审体制。过去学校进人都是院系提出、人事部门初审，再经学校行政（校务会议）审批，难以对学术水平作出准确判断。1998年学校启动"百人计划"时，成立了由高水平教授组成的评议组，对拟引进人才的学术水平进行严格而公正的评审。

四是规范专业技术职务评审制度。各院系均由教授（代表）会负责专业技术职务评审，实行投票表决。教授们对本单位教师的教学、科研等学术情况熟悉，评聘更加科学公正，减少了非学术因素的干预。

五是实行机构改革，加强机关的服务职能。1998年，学校对校、院系两级行政管理机构实行改革，压缩编制，设立了面向全校的注册中心、结算中心等服务机构，各院系则保持"小机关、大服务"的综合功能。

### 平衡好学术领导和行政领导

现代大学既是知识密集社区，又是职能繁多的大型组织。前者决定了大学内部学术权力的固有地位，后者凸显了行政权力的重要性。王大中校长认为，大学的功能和使命，决定了学术权力和行政权力都不可或缺，二者必须形成合力。

在尊重教授治学、发挥学术权力的同时，王大中和学校领导班子切实履行治校之责，把方向、抓大事，谋长远、定战略，抓改革、促发展，成功地领导清华实现了跨世纪的战略转型。

2000年，王大中校长根据"三讲"教育中群众所提的意见，借鉴兄弟院校做法，推动设立了政策研究室，以加强战略谋划。在学校的直接领导下，政研室10多年来参加了学校事业规划、大学章程、综合改革方案等研究制定工作，多次出色完成国家有关部门交给的任务。

行政和学术，各有不同的规律。诚如王大中校长所说，促进学术权力和行政权力的融合，就是要尊重它们各自的规律，按规律办事，这样教授治学才能得到充分保证，办学效益才能有效提升。

## 五、善于定位的"首席"风格

王大中在校长任内先后经历了方惠坚、贺美英和陈希三任党委书记，其中，与贺美英搭档的时间最长。无论是试行校长负责制（1993—1998年），还是1998年以后根据高等教育法实行党委领导下的校长负责制，清华的党、政领导都坚持了依法、科学、民主的治校三原则，保持了内部治理结构的和谐有序高效运行。

家和万事兴。"当家人"的和谐是关键，是形成学校软实力的核心。在全国一样的路线、一样的体制之下，不同的大学却状况各异。为此，清华老校长高景德曾说，班子不团结，什么制也没治。这说明"当家人"的综合素质具有决定性的作用。

### "一把手"和第一责任人

清华的领导班子团结和谐，有号召力、凝聚力和战斗力，已经形成了优秀传统。当年蒋南翔校长曾用"不漏气的发动机"作比喻，要求领导班子既懂教育，又能团结战斗。

改革开放以来，这种优秀传统在历届班子中不断传承和发扬。一个重要原因，就是国家的使命意识在清华领导干部中扎下了很深的根基，由此产生的奉献精神和追求卓越的责任感成为领导班子的集体意志。而党政"一把手"的高度默契，就是无声的号召力。

王大中曾经在一次干部会上谈到行政"一把手"的责任。他说，作为校长，我是全校教学质量的第一责任人，也是学科建设、科研水平、社会服务水平的第一责任人。什么叫做第一责任人？就是要主动尽责，把工作做好；出了问题，主动承担责任，甘挨"第一板"，决不能理解为谁是"一把手"谁就说了算。贺美英对党委系统"一把手"的责任也作了同样的发挥。

对于各个院系的党政"一把手"来说，已经不必再作更多的解释。在清华，很少有人会问谁是"一把手"、谁说了算这类问题。责任意识促使清华大多数干部勤于谋事而疏于谋位，这也是清华长期保持风正气和的重要原因之一。

王大中多次说起，清华党、政一把手对承担责任的高度默契，就是对发挥校长作用的最大支持。老书记李传信早年参加革命，"文革"前就是清华党委常委，思维敏捷，决策力强，在干部和教师中有很高威望。在传信同志和党委的支持下，高景德校长和班子在80年代中期确立了清华"着重提高，在提高中发展"的办学方针。

随后接任党委书记的方惠坚是1953年清华首批政治辅导员，善于把握方向，凝聚合力。他和张孝文校长联手，刚柔相济，张弛有度，维护了学校改革发展稳定大局，为清华确立建设世界一流大学的跨世纪目标奠定了重要基础。方惠坚同志和党委卓有成效的工作，为王大中上任后迅速打开局面起了重要作用。

此后，贺美英接任党委书记，和王大中校长共事6年。她胸襟坦荡，求真务实，熟悉学校全面情况，了解干部队伍，善于做群众工作，也善于把握分寸，从来不争谁说了算。在推进清华加速战略转型的改革和发展过程中，贺美英始终是领导团队的"好政委"。

继贺美英之后，陈希接任党委书记。他政治上强，思想敏锐，看问题透彻，决策魄力和沉稳风格兼备，先后担任学校党委副书记、常务副书记。陈希和前任们一样全力支持王大中校长，为清华的战略转型和新世纪发展发挥了关键作用。

### "一把手"和民主集中制

王大中对贯彻民主集中制把握的原则是，既要发扬民主、集思广益，也要敢于集中，善于决策。对于重大问题，重大事项，充分发扬民主，坚持集体决策；对于日常事务，不能事事都集体讨论，更不能一有不同意见就议而不决，导致决策效率低下，甚至错失良机。

清华党委根据民主集中制形成了规范的议事程序和会议制度。在王大中任校长时，学校定期由校长主持核心组会议，党委书记参加，对学校内部治理中的重要问题，在领导核心成员中统一认识，形成部署意见。党委书记主持干部工作领导小组会议，校长参加，对学校人事、干部任免等问题既坚持严格按照组织工作程序进行，又充分交换意见，减少失误。

当时，学校每年寒假的中心组学习有时会安排一个"无主题"务虚，很能体现民主集中制的特点。最初提出这个建议的是总会计师陶森。她说，清华领导的优点是实在，缺点是太实在；务具体事多，议大思路少，善于出经验，难得出思想。建设世界一流大学，需要有大思路才行。这个建议很快被王大中和贺美英采纳。事实证明，"无主题"就是"有主题"，它使大家摆脱具体议题，对国内外科技、经济、学术动态以及兄弟院校新思路、新举措等充分交流，对学校发展面临的挑战、潜在的忧患、可能的对策等畅所欲言，即使意见相左，也会碰撞出"火花"。在这种场合，两位"一把手"通常都是放开话语权，以倾听为主，从中归纳要点，形成凝聚集体智慧的大思路，这也是清华领导具有很强决策力的重要原因之一。直到现在，清华每年寒暑假都召开领导班子务虚会，这已经成了一项新的传统。

任何决策都必须执行、落实才能生效。清华领导班子很强的执行力，与"一把手"和副手之间和谐默契有很大关系。王大中决策能力强，但"集中"不"集权"，他充分信任和依靠班子成员，而他的副手们个个都能独当一面，善于把学校的决策落到实处。

常务副校长梁尤能是王大中大学时代的同学，还是学生党支部书记，毕业后留校工作，先于王大中进入工字厅当了多年副校长。梁尤能有很强的事业心和责任感，多谋善断，雷厉风行。他主管学科建设、科技创新、区域合作等，是学校发展战略企划的主要参与者和强力推手，素以带领队伍攻坚克难给同仁和下属留下深刻印象。另一位常务副校长杨家庆先后分管过人事、外事、教学和对外筹资等多方面工作，尤其是在港澳台和国际上为清华筹集社会捐资等方面成效卓著，加上他风度翩翩，被海内外友好地誉为清华的"形象大使"。第三位常务副校长何建坤也有"200号"的磨炼经历，处事颇有举重若轻之风度，视野开阔，善于协调，处理复杂问题更是足智多谋。

限于篇幅，这里无法对领导团队的成员一一点评。正是这样一批个性鲜明、风格迥异的专家型领导成员，和"首席"一起，带领全校师生员工，上演了一场追逐世纪清华梦的威武雄壮的交响曲。

2003年4月，学校党政领导班子合影，前排从左至右依次为副校长郑燕康，常务副校长何建坤，副校长顾秉林，校长王大中，党委书记陈希，副校长王明旨，组织部长韩景阳，副校长汪劲松；后排从左至右依次为党委常委、党委办公室主任白永毅，党委副书记庄丽君，校长助理荣泳霖，副校长岑章志，副校长龚克，党委常委、纪委书记孙道祥，党委副书记张再兴，副校长胡东成，副校长张凤昌，党委副书记杨振斌，校长办公室主任史宗恺。

## 六、谦谦君子的人格魅力

"君子人与？君子人也，明乎君子品高，未易几及也。"一个世纪以前，梁启超先生以《君子》为题演讲，勉励清华学子做真君子。

对王大中的校长之道所做的简单概括和讨论，更多带有清华的文化色彩和他本人的个性特征。作为在清华享有盛誉的一任校长，他的个性魅力不仅蕴含在任职时期的领导力和凝聚力之中，而且长留在那个时期过来人的记忆甚至后来人的传说中，融入大学的文化积淀而弥久不衰。

### "人到无求品自高"

清华领导班子的团结、得力与威信，和"当家人"的个人综合素养有很大关系。校长、书记不搞个人"政绩工程"，资源配置不搞"近水楼台先得月"，人际关系不搞个人小圈子，这是公认的事实。

王大中被任命为清华校长时已届耳顺之年，此前因为对核能事业的杰出贡献已经当选为中科院院士。他对自己的职业"变轨"毫无思想准备，然而一旦接手，就全身心投入。他深知自己接过的，不是炙手可热的权力，而是一张没有尽头的"试卷"，他将面对新一轮的考试，接受实践的检验，接受全校师生员工的检验和清华历史的检验。由此，他常怀敬畏之心，虑远谋近，呕心沥血。他对事业的尽心尽责，赢得了同事、下属的钦佩和尊重，这就是无声的号召力和强大的凝聚力。

王大中、贺美英等50年代过来的老清华，不管物质条件发生了多大变化，依然保持着那个年代的传统本色。王大中的自行车被学生们戏称为"侯宝林自行车"，除了车铃不响哪儿都响；贺美英的"公文包加购物袋"给许多教职工留下深刻印象。下班路上，遇到哪位教职工一声招呼，他们就与人家并肩推车，拉家常似地听取意见。世间多少繁华竞逐随流水，清华园里的这种朴实无华，却在人们的心目中留下永不褪色的记忆。

2002年秋季，王大中和党委书记陈希一起，对清华战略转型"三个九年，分三步走"的阶段安排进行了多次认真的推敲，并在领导班子中形成共识。随后，王大中向领导班子提出，自己已年届67，该由年富力强的同志接班了，建议在学校行政班子换届之前，先着手校长的更换，以便前后任更好衔接。陈希和党委班子多次讨论，考虑到离行政班子换届还有一年时间，都希望王大中校长不要提前离职。

王大中去意甚笃。2002年12月3日，他以个人名义向教育部陈至立部长写了一封信，提出辞去清华校长的愿望，信件交由清华党委转呈。学校党委再次讨论，出于理解和尊重，接受了王大中的请辞意愿，并报请教育部同意和中央批准。

不恋栈、不贪位，急流勇退，高风亮节。这也是清华历届领导班子成员和整个干部队伍的生动写照。

### "君子之交淡如水"

王大中的人际交往可称得上"君子之交淡如水"。无论在他长期工作的"200号"，还是在工字厅，按照世俗说法，他都"没有自己的人"。他和部分班子成员住在一个小区，却几乎不串门。这里，无须评论人际之间是否应该有私交，因为，王大中就是王大中，这是他的个性。

值得说道的是，这种"淡如水"的交往，可以经得起时间的考验而"不变味"，经得起工作中免不了的意见分歧、争论而不受损。从"没有自己的人"，到"都是自己的人"、是可以信赖的同志和朋友，最后就到了心中有"大我"的另一种境界，这是王大中所独有的特殊的人格魅力。

王大中离任之后，无论当年的部下还是学生，反而与他有了更多的来往和接触的机会。在随后几年里，学校事业发展的累累硕果，都足以引起后来人饮水思源，不少单位会以各种方式邀请王大中老校长共同分享丰收的喜悦。离任后的王大中依然为我国核能事业的健康发展到处奔波，但只要清华学生邀请他参加的活动，他几乎有求必应。离任之后，他三次到深圳，清华在深圳两院的新老领导班子成员见到老校长时，格外情真意切。他们回想初创时期，老校长的耳提面命也许只有寥寥数语，但决策的勇气、大度和信任，却让他们心甘情愿地在远离清华园的南国，用十几年的拼搏换来今天欣欣向荣的发展新局面。

清华的广大海内外校友以他们的视角爱戴和敬佩王校长。经历过王大中校长时期的校友们，对老校长的感情更非一般。尽管王校长已离任多年，他们中的不少人也天各一方，但他们对当初王校长卸任之际同学们在"水木清华"BBS和其他场合表达出的真挚感情，至今记忆犹新。

### "最后一班岗"的特殊洗礼

就在王大中即将离任的2003年初，"非典"爆发，北京成为重灾区。由于疫情蔓延迅猛，不少高校学生纷纷离校回家暂避。清华也发生了几起感染或疑似感染的病例，学校按照卫生部门的要求，对患者和疑似感染者实行隔离观察，或由北京市疾控中心送到定点医院治疗。

面对严重疫情，陈希毫不犹豫地挑起"第一责任人"的重担，站到组织全校师生员工抗击"非典"的第一线，保证王大中校长集中精力维持学校的教学科研正常运行。此时，清华领导面临的最艰难选择是学生的去留问题。如果把全校学生疏散回家，学校可以减少责任风险，但会把风险转移到社会和学生家庭，也势必延误正常教学计划；如果不放，万一出现大面积感染，学校就要承担更大的风险，承受许多不可预计的突发性事件带来的巨大压力。

在严重的困难面前，陈希和王大中多次交换意见，两人一致倾向于不放，把困难和压力留给自己，为国家和社会分忧解难，千方百计保护学生健康，在此前提下，再根据可能条件，组织必要的教学活动。陈希主持党委常委会，充分讨论各种可能出现的情况和对策，最后，以举手表决方式对这一重大事项作出集体决定，一致同意把学生留在学校。随之，学校快速推出详细的处置方案和各种预案。陈希率学校相关部门加强第一线巡视，亲自负责应急指挥。各院系加强对学生的组织管理，组织教师以室外上课、网上答疑等方式，开展灵活多样的教学活动，避免封闭环境下的人群交叉感染。

在全校各级领导高度负责和师生员工的齐心协力下，清华没有出现大的疫情，度过了北京市疫情爆发初期最困难的阶段，教学科研等办学功能在这场罕见的非常情势下逐步恢复正常。王大中坚持和同事们一起，在这场特殊的洗礼中站好自己的"最后一班岗"。

### 卸任礼赞，学子情深

2003年4月27日，清华在抗击"非典"的气氛中迎来建校92周年，中共中央组织部关于顾秉林担任清华大学校长的任命通知也在这一天下达。

如往年校庆日一样，王大中出现在学生们面前，只是由于还在抗击"非典"期间，学校取消了每年一度的学生田径运动会、"挑战杯"课外科技学术作品展等大型活动。此时，大多数师生员工还不知道校长变动的消息，王大中就以看望学生的特殊方式进行了他的告别巡礼。

2003年，王大中和清华大学新任校长、中国科学院院士顾秉林（左）亲切握手。

他来到学生食堂，详细询问食堂的通风和卫生情况；他走进学生宿舍，了解宿舍的消毒和管理措施，不时向随行的班子成员和有关部门交代注意事项。

正在室外排练的学生艺术团师生们看到迎面走来的王大中校长，都拥了上来。王大中向大家亲切问候，询问了大家的学习、生活，介绍了全国和北京市抗击"非典"不断好转的趋势，鼓励大家讲究科学，认真应对。看到同学们情绪都很阳光，王大中感到由衷的宽慰。

不出一天，王大中离任的消息就在校园网络上传开。

从傍晚开始，水木清华BBS上，学生们纷纷发帖表达心声。随后，关于王大中校长的话题连续多日高居BBS"十大热门话题"榜首，大家对他本人及其任内工作好评如潮：

"一个真正务实而严谨的掌舵人，一个真正让人尊敬的慈祥长者，朴实中不乏激情，果敢间不缺严谨！王校长，您永远是清华人的榜样！"

"泱泱大校，巍然中央。吾校之功，同仁一视。"

"儒雅的学者风范，大气、从容而又透着镇定，让人无比的信服。"

"十年里，我们时常可以看到他朴实的身影和著名的不会丢的二八大车。再见了，清华的大中时代！"

"他注定是一位高尚且亲切的长者，一名严谨且有成的学者，一个称职且兼爱的校长。他永远是'我的'校长。"

"得知您不再担任校长了。心里真是一下子就一阵酸。我是99级的，进校后，在你最后任职的四年里，清华发生了巨大的变化，这是我们有目共睹的。我没有听你多少的报告，但是我从身边的事中知道你为了我们作出的巨大努力。我最感谢你，给了我们一个自由发展的空间，我以前的好多梦想在清华得到了实现，真的是一个很利于我们发展的环境，充实而自由，这种感觉太好了。谢谢！"

"94年进清华时，是大中校长给我们讲话的……毫无疑问，清华这几年来的变化是最大的，发展速度是最快的，光这一点王校长已经足以欣慰了。王校长是'真正'的清华校长，无论是为人，还是处事。一个踏实的校长，一个勤干的校长，一个很清楚未来的校长，一个使清华发展承上启下的校长，一个清华人心目中的校长。"

……

还有许许多多的帖子，自发地在校园网上出现、传递，彼此呼应。对王大中校长各种各样的回忆、感受、眷念、评价，在那些日子里不断引发着清华学子情感的共鸣。

离开校长岗位的王大中，只要出现在学生们面前，就会被同学们的炽热感情所包围。

2003年"五四"青年节，国务院总理温家宝来到清华看望学生，王大中和新任校长顾秉林等陪同。送走温家宝总理以后，热情的学生们把老校长王大中团团围住，争着和他握手，纷纷要求签名、合影，久久不肯散去。

2003年7月，毕业生离校时节，应毕业班同学们的强烈要求，党委研究生工作部专门安排研究生毕业班和老校长合影。通知张贴出去后，就有168个班级近5000人报名，其中不只是研究生，还有很多本科毕业生。在合影的时候，王大中看到一位挂着双拐被人搀扶的女同学，一问才知道，她前不久腿骨骨折，正在疗伤，听到消息，执意从校外赶来和老校长合影……

一张又一张的笑脸，一声又一声的"王校长"，一遍又一遍的握手，一幅又一幅瞬间的定格，都饱含着清华莘莘学子发自肺腑的情愫，王大中一次又一次地被感动，"谢谢，谢谢同学们！我只是做了我该做的一些工作。"

王大中完全有理由感到欣慰，在他将近十年的校长生涯中，尤其在他离任以来的日子里，同学们以各种方式表达出来的真挚情感，是对学校改革发展的高度认可，也是他所能得到的最可宝贵的精神财富。

不久，王大中收到同学们精心编制的一本影集，扉页上有如下一段文字：

"在这些定格的瞬间，王大中校长——和我们共同走过这段时光的长者，被记录下永远的微笑和慈爱。从他眼光中流露的赞赏和期许，自他掌心传来的温暖和鼓励，成为了同学们最珍贵的毕业留念。"

王大中又一次心潮澎湃。从影集中,他仿佛看到一片又一片盛开的紫荆花,花丛中激荡着无穷无尽的青春活力,放飞着绵亘不绝的未来的希望。

中国的希望,也是世界的希望!

同学们的敬爱,与王大中的热爱交汇在一起,融入这片故园热土,一代又一代清华人共同用心血浸润的紫荆沃土。

在这片沃土上,孕育着一代又一代清华人苦心追求的世纪清华梦——清华人的中国梦!

2003年5月3日,王大中与学生合影。

# 后记

在庆祝清华大学建校 100 周年前后的一段时间里，各地清华校友的相聚处于"高峰期"，为不同年代的校友提供了追忆历史的最好机会。在校友们的谈论中，自然少不了各个时期的清华校长。不少校友提到，应该写一写已经离任多年的王大中老校长，因为在他的任期内，清华发生了巨大变化；写王大中，其实就是追忆清华的这段历史，这不是为了他个人，是为了母校继往开来的需要。

对大学校长最能作出公正评价的，也许正是这所大学的校友群体。他们不但从自己的大学经历中，而且从历史的比较中，甚至从社会的评价中获得直观感受。这些评价大多是客观的，比较大众化的，往往能够超越时空之限。

本书以《跨越世纪清华梦——王大中校长十年启示录》为名，就是希望客观再现世纪之交 10 年间清华改革和发展的部分史实。"2011"是清华立校的第一个百年时标，又是清华努力跻身世界一流大学漫长过程中的一个重要里程碑，更汇聚了清华历代精英竭诚报效国家和民族的无尽奋斗和共同愿望。事实早已证明，清华梦，就是清华人的中国梦，是清华文化的永恒主题。

王大中作为这一时期的清华校长，承前启后，是主持清华改革发展"顶层设计"并推动实施的主要领导者，他和他的同事们为清华快速发展所付出的心血和作出的贡献，赢得了全校师生员工的广泛认可，也得到包括广大校友在内的社会各界的广泛赞誉。尽管王大中离任已经十多年，他和他的领导团队的奉献精神，决策水平，领导班子的执行力和公信力，等等，依然被那个时期的过来人不时提起，也在后来者中留下很好的口碑。

在本书资料采集和编写过程中，王大中一再强调，他只是做了前任们早就想做、他也应该尽责的一些事。他说，他个人没有什么功劳，他要感谢的太多了，没有这些让他铭感在心的因素，他就不可能有所作为。

他说，最应该感谢的是党中央科教兴国的战略决策，使他这任校长赶上一个好时机。国家实施"985工程""211工程"等重大战略举措，为中国高等教育发展带来前所未有的大好机遇，也成为清华进入快速发展期的历史起点。清华在国家的重点支持以及社会各界的广泛支持下来建设世界一流大学，不是校长的"政绩"，是校长和全校的共同责任。

他一再提到蒋南翔校长的历史贡献，提到改革开放以来清华历届党政领导班子关于改革发展的主要思路和打下的坚实基础。他说，没有历届前任的这些努力和成就，就没有后面的高起点和战略转型的依托。

王大中对他任内的同事们怀着真挚的感念之情。他说，他的运气好，任期内遇到三任党委书记，前后是方惠坚和陈希，中间6年是贺美英，他们都是好"政委"，对他的支持和帮助很大。在他的任上，清华试行过校长负责制，后面实行党委领导下的校长负责制，对他来说，感觉没有什么差异，这就体现党委书记的水平。他对他的副手们十分赞赏，尤其是前后三位常务副校长梁尤能、杨家庆与何建坤。他说，没有他们的密切配合和全力投入，他就不可能集中精力抓校长该做的事，班子的决策力和执行力也不可能强到哪里去。王大中多次提到各位分管副校长，希望尽可能多写他们的工作和贡献。

他说，他还得益于这一时期的许多院长、系主任，机关部处负责人，他们尽心尽责，勤勉工作，很有开拓进取精神。这些同志处于学校决策的主要执行层面，清华很少出现"肠梗阻"现象，与这一层面的得力有很大关系，希望本书对此多些笔墨。

王大中认为，他更应该感谢清华的广大教职员工和清华的学生们。那个时期教育改革力度很大，统筹本科教育和研究生培养的过渡时期，曾经一度三套教学计划并行运作，困难很多，但广大教职员工恪尽职守，学生们理解配合，积极参与，保证了平稳过渡。后勤保障的战线长，任务重，从教学、科研重大基础设施建设，到校园人居环境、生态环境的改善，广大干部和教职工功不可没，等等。相比之下，他为这些同志做得还太少。

在有关领导的建议下，编著组从 2008 年底就开始了本书的准备工作。为了保证事实和资料的准确，尽可能真实再现这段历史进程，编著组多次对王大中校长进行深度访谈，得到他的亲自指导和热情支持；先后专访了方惠坚、贺美英、梁尤能、杨家庆、何建坤、王明旨、胡显章、孙继铭、余寿文、张再兴、关志成、郑燕康、胡东成、龚克、庄丽君、陶森、叶宏开、孙道祥、汪劲松等当年任职的校领导，他们为本书整体写作思路提出了重要意见和建议；拜访了杨振宁、朱静、钱易、熊家炯、赵南明、赵纯均、饶子和、程京、吴建平、邱勇等多位院士和教授，他们为本书提供了很多重要线索和鲜活故事；访谈了张凤昌、荣泳霖、王晶宇、李树勤、白永毅、陈皓明、裴兆宏、谢树南、王赞基、吴庚生、薛芳渝、梅萌、徐井宏、韩景阳、史宗恺、刘桂林、王孙禺、吉俊民、孙茂新、黄建华、王岩、王进展、蒋东兴等当时的机关后勤部门和院系负责人，他们提供了众多第一手素材。

编著工作始终得到清华大学党委和行政的高度重视与大力支持，几任校领导班子有关成员百忙之中抽时间审阅了全部书稿，并提出了重要的指导意见。特别是方惠坚、贺美英、顾秉林、陈希、胡和平、陈吉宁、陈旭、邱勇、梁尤能、杨家庆、何建坤、庄丽君、胡显章、谢维和、史宗恺、邓卫等同志的审阅意见，对于本书的修改定稿指明了方向。

中国教育学会名誉会长顾明远先生在阅读书稿之后，欣然提笔作序，又令本书增色良多。

编著工作还得到了各方面的关心和支持。由于写作时间跨度较大，涉及到学科建设、人才培养、科学研究、队伍建设、社会服务、国际合作、后勤管理等学校工作的方方面面，为了使每个部分的写作更加贴近事实，编著组先后邀请了马栩泉、叶富贵、赵可、曲莎莎、苗日新、王晓阳、金富军、张莞昀、黄德海、曾维康、郑永平、彭方雁、薛建团、王艳、赵永庆、梁立军、张文雪、芦楠平、王玉柱等同志参与写作工作，他们不辞辛苦为各章创作初稿，有的章节和段落反复修改，为本书编写打下坚实基础。曲莎莎还参与了所有的访谈，并出色完成了繁重的录音整理工作。冯劲涛、许亮、许晨、李冰、郭海军、朱俊鹏、谢立军、李功强、池净等为资料和照片收集整理做了大量工作。本书所用照片大部分来自学校历史资料，其中很多照片的摄影者是党委宣传部郭海军，有一些为清华师生和校友提供，但是也有一些照片因时间久远，摄影者没有一一查出和注明。胡苏薇和张占奎为本书的出版付出了辛勤努力。王红卫为本书做了精心的装帧设计。

在此，一并表示衷心的感谢！

本书尽可能以叙事为主，清华战略转型过程中的重要事件以及参与者、亲历者众多，编著者虽然竭力而为，但囿于水平和篇幅，必然挂一漏万，难免多有疏失。错漏之过，恭请当事者包容海涵；不当之处，敬请读者批评指正。正如王大中老校长在追忆这段历史时所说，全校师生员工是推动清华实现历史性跨越的真正主角，也是这一时期清华历史的真正创造者。

是以为记。

吴敏生　吴剑平　孙海涛

2014 年 10 月于清华园

版权所有，侵权必究。举报：010-62782989，beiqinquan@tup.tsinghua.edu.cn。

图书在版编目（CIP）数据

跨越世纪清华梦：王大中校长十年启示录 / 吴敏生,吴剑平,孙海涛编著. -- 北京：
清华大学出版社，2015（2021.12重印）
ISBN 978-7-302-39757-1

Ⅰ. ①跨… Ⅱ. ①吴… ②吴… ③孙… Ⅲ. ①清华大学—学校管理—文集 Ⅳ. ①G649.281-53

中国版本图书馆CIP数据核字(2015)第071169号

责任编辑：胡苏薇　张占奎
装帧设计：王红卫　张毅珑　梁方正　皇甫依兰
责任校对：王淑云
责任印制：杨　艳

出版发行：清华大学出版社
　　　　　网　　址：http://www.tup.com.cn，http://www.wqbook.com
　　　　　地　　址：北京清华大学学研大厦A座　　　邮　编：100084
　　　　　社 总 机：010-62770175　　　　　　　　邮　购：010-62786544
　　　　　投稿与读者服务：010-62776969，c-service@tup.tsinghua.edu.cn
　　　　　质量反馈：010-62772015，zhiliang@tup.tsinghua.edu.cn

印 装 者：北京博海升彩色印刷有限公司
经　　销：全国新华书店
开　　本：170mm×240mm　　印　张：18.25　　字　数：236千字
版　　次：2015年6月第1版　　　　　　　　　印　次：2021年12月第3次印刷
定　　价：78.00元

产品编号：062678-01